FUTEBOL BRASILEIRO HOJE

FOLHA
EXPLICA

FUTEBOL BRASILEIRO HOJE

JOSÉ GERALDO COUTO

PUBLIFOLHA

Editor
Arthur Nestrovski

Editores-assistentes
Adriane Piscitelli e Thiago Blumenthal

Coordenação de produção gráfica
Soraia Pauli Scarpa

Produção gráfica
Mariana Metidieri

Projeto gráfico da coleção
Silvia Ribeiro

Revisão
Maria Sylvia Corrêa e Évia Yasumaru

Editoração eletrônica
Carla Castilho | Estúdio

Capa
© Diego Padgurschi/Folha Imagem

Imagens
p. 12 – © Ayrton Vignola/Folha Imagem; p. 36 – © Tuca Vieira/Folha Imagem; p. 41 – © Sérgio Lima/Folha Imagem; p. 44 – © Rubens Cavallari/Folha Imagem; p. 61 – © Acervo/Gazeta Press; p. 91 – © Ricardo Nogueira/Folha Imagem

Dados Internacionais de Catalogação na Publicação (CIP)
(Câmara Brasileira do Livro, SP, Brasil)

Couto, José Geraldo
Futebol Brasileiro Hoje / José Geraldo Couto. – São Paulo : Publifolha, 2009. – (Folha Explica); v. 83

Bibliografia.
ISBN 978-85-7914-133-1

1. Futebol – Brasil 2. Futebol – Brasil – História I. Título. II. Série.

09-11735 CDD-796.3340981

Índices para catálogo sistemático:
1. Brasil : Futebol : História 796.3340981

A grafia deste livro segue as regras do **Novo Acordo Ortográfico da Língua Portuguesa.**

PUBLIFOLHA

Divisão de Publicações do Grupo Folha
Al. Barão de Limeira, 401, 6º andar
CEP 01202-900, São Paulo, SP
Tel.: (11) 3224-2186/2187/2197
www.publifolha.com.br

SUMÁRIO

Para o meu irmão, Claudio,
que me ensinou os caminhos do gol.

INTRODUÇÃO

Nas páginas do *Macunaíma* (1928), o futebol figura como uma das pragas nacionais, junto com a lagarta rosada e o bicho do café. Quase um século depois da publicação do clássico modernista de Mário de Andrade, qual é o lugar que essa praga ocupa na vida do Brasil e dos brasileiros? Qual o sentido – ou antes, quais os sentidos – da sua presença?

Ao lado da música popular, o futebol é um dos poucos terrenos em que o Brasil atingiu um nível de excelência incontestável. Futebolistas brasileiros são exportados aos milhares para os quatro cantos do planeta. Cinco vezes campeã do mundo, nossa seleção goza de uma supremacia indiscutível.

Para o bem ou para o mal, o futebol define de certa forma nossa identidade no mundo. É nosso passaporte internacional, como terá percebido qualquer brasileiro em viagem pelo exterior. A simples menção do nome "Pelé" costuma abrir portas e sorrisos nos lugares mais remotos do globo.

Entre nós, o futebol é muito mais do que um simples esporte ou um mero espetáculo. É um fato cultural com ressonância em todos os espaços da vida social, doméstica e individual. Mesmo quem não o aprecia, ou é indiferente aos seus apelos, não consegue escapar da sua onipresença.

Por sua importância no cotidiano e no imaginário dos brasileiros, pelas paixões que suscita, pelos dramas que põe em cena, o futebol desde cedo atraiu o interesse dos políticos (sobretudo dos governantes), da imprensa, da publicidade e de uma boa parte da *intelligentsia* nacional, empenhada pelo menos desde a década de 1920 em interpretar as relações entre esse esporte "importado" e a cultura – em seu sentido mais amplo – do país.

Oscilando entre extremos – como o trauma da perda da Copa de 1950, em pleno Maracanã, e a euforia da conquista do Tri em 1970, no México –, os sucessos e fracassos futebolísticos passaram a ser lidos, ao longo das décadas, como signos de nossas deficiências e impossibilidades mais profundas ou, inversamente, de nossas mais delirantes promessas de grandeza e felicidade.

A par disso, o futebol passou a ser visto como fator de integração nacional, de coesão social, de formação de uma identidade. Detectou-se um "estilo brasileiro" de praticar esse esporte importado da Inglaterra, e nesse estilo estariam implicadas determinadas características culturais, como a capacidade de improvisação (o "jeitinho"), a malandragem (a ginga, o "jogo de cintura"), a liberdade criativa e uma certa vocação dionisíaca.[1]

---

[1] Para uma leitura sistemática e crítica das várias interpretações do futebol como instrumento ou reflexo de identidade nacional, ver Fatima Martin Rodrigues Ferreira Antunes, *"Com Brasileiro, Não Há Quem Possa" – Futebol e Identidade Nacional em José Lins do Rego, Mário Filho e Nelson Rodrigues* (São Paulo: Editora Unesp, 2004) e José Miguel Wisnik, *Veneno Remédio – O Futebol e o Brasil* (São Paulo: Companhia das Letras, 2008).

Foi essa, de resto, a imagem que se difundiu para o mundo. "O brasileiro joga futebol como quem samba", diz o clichê. Nossos futebolistas passaram a ser vistos internacionalmente como portadores de certas virtudes (a desenvoltura corporal, a ousadia, a imprevisibilidade, a fantasia), mas também de outros tantos vícios e deficiências (a indolência, o amadorismo, a aversão à disciplina tática e aos treinamentos).

Nessa imaginária divisão internacional do trabalho, cabia-nos o papel da cigarra da fábula, enquanto o da formiga ficava com alemães, ingleses e italianos, robustos e disciplinados cumpridores de estratégias de jogo pragmáticas e um tanto militares. Como todo mito, esse também tem o seu fundo de verdade e o seu tanto de construção ideológica.

No âmbito interno, o futebol, tal como foi apropriado, "canibalizado" e ressignificado entre nós, serviu para reforçar ou rechaçar, dependendo do contexto e do sujeito da enunciação, discursos e teses sobre o valor positivo ou negativo da mestiçagem, sobre a pertinência da ideia de democracia racial, sobre a existência ou não de um "caráter nacional" brasileiro.

Cristalizou-se também, no último meio século, a visão generalizada de que o Brasil tem os melhores jogadores e os piores dirigentes esportivos do mundo. Clientelistas, corruptos, atrasados, incompetentes, os "cartolas" têm sido vistos, em seu conjunto, como um entrave ao pleno desenvolvimento das potencialidades do nosso futebol.

Mais uma vez, há aqui um sólido substrato de verdade, combinado com a projeção, no terreno do futebol, de uma arraigada concepção sobre o país e seu impasse histórico: "O povo é bom, mas a elite dominante não presta".[2]

Num mundo crescentemente globalizado, em que o esporte se inscreve como um produto de ponta no mercado internacional do entretenimento, todo o edifício (material e simbólico) do futebol brasileiro sofre abalos e experimenta transformações mais ou menos profundas.

Examinar, ainda que liminarmente, essas mudanças, e a reconfiguração que elas implicam, é um dos objetivos deste livro. Trata-se, como se verá, de um processo complexo e em pleno andamento, com avanços e recuos, arestas e paradoxos. A intenção aqui é buscar detectar o que há de continuidade e de ruptura no novo quadro que se delineia.

Ainda que os aspectos implicados na questão – econômicos, políticos, culturais – sejam indissociáveis, cada capítulo dará ênfase a um ou outro deles, por motivos de espaço e clareza.

Uma última palavra, à maneira de advertência: nem mesmo a análise multidisciplinar mais exaustiva – algo que este livro não tem a pretensão de ser – esgotaria o tema. Uma única partida, com suas numerosas variáveis e seu alto grau de imponderabilidade, já constitui um universo inexaurível. Ou, para usar as palavras de Nelson Rodrigues, "a mais sórdida pelada é de uma complexidade shakespeariana". Que dizer então do conjunto desse esporte, justamente no chamado país do futebol?

---

[2] Essa leitura dual do futebol brasileiro ultrapassou nos últimos tempos as fronteiras do país, conforme atestam os livros *Como o Futebol Explica o Mundo*, do norte-americano Franklin Foer (Rio de Janeiro: Jorge Zahar, 2005), e *Futebol – O Brasil em Campo*, do inglês Alex Bellos (Rio de Janeiro: Jorge Zahar, 2003).

Seleção brasileira comemora gol em partida contra a Argentina pelas eliminatórias da Copa do Mundo de 2010. Nenhum dos jogadores do time atuava no Brasil nessa ocasião.
[05/09/2009]

1. CELEIRO DE CRAQUES

O futebolista brasileiro é um dos mais valorizados produtos de exportação do país. Não é para menos. Das primeiras 18 edições (1991-2008) do prêmio de Melhor Jogador do Ano conferido pela Fifa, oito foram vencidas por brasileiros: Ronaldo (três vezes), Ronaldinho (duas vezes), Romário, Rivaldo e Kaká. A eleição, cabe lembrar, é feita pelos treinadores das seleções de todos os 207 países inscritos na Fifa. Na categoria feminina, o prêmio, instituído em 2001, foi conferido à brasileira Marta por três anos consecutivos: 2006, 2007 e 2008. (Este livro foi concluído antes da eleição referente a 2009.)

Os jogadores do chamado "escrete canarinho" são tidos mundialmente como a elite da elite da bola. "Quem, tendo visto a seleção brasileira jogar em seus anos de glória, negará sua pretensão à condição de arte?", disse certa vez o insuspeito historiador britânico Eric Hobsbawn. Às vésperas do Mundial de 1990, na

Itália, a revista de variedades francesa *Paris Match* expressou o que parecia a todos um fato incontestável: "A Copa do Mundo só começa de verdade quando o Brasil entra em campo". O Brasil, vale lembrar, é o único país que disputou todas as Copas do Mundo. Das 18 edições realizadas até agora (2009), venceu cinco e foi vice em duas. Ficou dez vezes entre os quatro primeiros colocados.

Com todo esse prestígio acumulado, a cada ano aumenta o número de atletas profissionais brasileiros transferidos para clubes dos cinco continentes, em especial Europa e Ásia. De acordo com dados oficiais da Confederação Brasileira de Futebol (CBF), em 2006 saíram do país 851 jogadores; no ano seguinte, 1.085. E em 2008 esse número chegou a 1.176, recorde provavelmente batido em 2009.[3]

Estima-se que mais de 5 mil futebolistas brasileiros atuem hoje no exterior. Uma cifra expressiva, sobretudo se considerarmos que o total de jogadores profissionais em atividade no Brasil era, em agosto de 2009, 21.558, segundo os registros da CBF. Ou seja, praticamente um quinto do chamado "pé de obra" nacional trabalha fora do país. Não há nenhum outro ofício ou ramo profissional em que ocorra algo parecido.

Para onde vai toda essa gente? A parte visível – e vistosa – desse *iceberg* são as contratações milionárias por clubes de ponta da Europa Ocidental, como o Milan, o Manchester ou o Real Madrid. Mas há jogadores brasileiros sendo vendidos para agremiações tão obscuras e exóticas quanto o Gandzasar FC, da

---

[3] Dados mais ou menos atualizados sobre transferência e registro de jogadores podem ser encontrados no site da CBF: www.cbf.com.br.

Armênia, o N.K. Celik, da Bósnia, ou o Vestur Fo-380, das Ilhas Faroe.

Ainda mais expressivo do que esses números brutos é o dado de que jogadores nascidos no Brasil já vestiram as camisas de 31 seleções de outros países. De novo, os casos mais conhecidos – como os de Paulo Rink na Alemanha, Mazola na Itália, Oliveira na Bélgica, Deco em Portugal e Ruy Ramos no Japão – escondem dezenas de histórias de brasileiros quase anônimos que trocaram de nacionalidade para defender as cores do Azerbaijão, da Guiné Equatorial ou de Trinidad e Tobago.[4]

Um aspecto dramático dessa emigração em massa é que, em sua imensa maioria, os atletas exportados não têm a menor noção da realidade que vão encontrar nos países para onde partem. Um exemplo flagrante disso foi a declaração do atacante Vagner Love quando lhe perguntaram se não temia o frio que enfrentaria na Rússia. Carioca, Love atuava no Palmeiras quando foi vendido para o CSKA, de Moscou. Sua resposta: "Tudo bem, eu já me acostumei com o frio de São Paulo".

Com raras exceções, eles tampouco aproveitam a temporada no exterior para interagir com outras culturas e aprender línguas e costumes diferentes. Vivem, no mais das vezes, numa espécie de redoma formada pelo clube onde atuam e pela comunidade local de brasileiros.

A exportação de craques brasileiros está longe de ser uma novidade. Já em 1931, o meio-campista Fausto, a "Maravilha Negra", transferiu-se do Vasco da Gama para o Barcelona. Poucos anos depois seria a vez de outro astro negro, o "Divino" Domingos da Guia, trocar

---

[4] Não há dados oficiais sobre o assunto. O levantamento utilizado aqui foi feito pela revista *Placar* e publicado na sua edição nº 1.321, de agosto de 2008.

o mesmo Vasco pelo Nacional do Uruguai e este pelo Boca Juniors da Argentina.[5]

Nas décadas seguintes, futebolistas brasileiros de primeira linha continuaram a ser vendidos para clubes do exterior: Leônidas, Heleno, Julinho, Didi, Evaristo de Macedo, Mazola, Amarildo, Falcão, Zico, Júnior, Romário e uma longa lista que culminaria nos Ronaldos, Robinho, Kaká etc.

DEBANDADA DE TALENTOS

A diferença do quadro atual em relação às gerações anteriores é, em primeiro lugar, de escala. Nunca houve um êxodo tão volumoso de talentos como o que ocorre hoje, a ponto de preocupar os gestores do esporte, os torcedores e a imprensa especializada. "O êxodo do futebol brasileiro constitui uma das grandes migrações de talentos na história recente, o equivalente esportivo da fuga de cérebros pós-soviética ou da debandada de intelectuais dos países africanos em guerra", escreveu o jornalista norte-americano Franklin Foer em seu livro sobre o futebol na era da globalização.[6]

Tão importantes quanto esse salto quantitativo, porém, são as diferenças de natureza e qualidade do presente êxodo. Se, em outros tempos, eram só os astros mais reluzentes que atraíam a atenção e os dóla-

---

[5] O primeiro futebolista brasileiro a atuar na Itália foi Arnaldo Porta, que em 1914 deixou Araraquara (SP) para jogar pelo Verona. Ver Paulo Vinicius Coelho, *Bola Fora: A História do Êxodo do Futebol Brasileiro* (São Paulo: Panda Books, 2009).

[6] Franklin Foer, *Como o Futebol Explica o Mundo – Um Olhar Inesperado Sobre a Globalização*. Tradução de Carlos Alberto Medeiros. Rio de Janeiro: Jorge Zahar, 2005; p. 118.

res dos grandes clubes estrangeiros, hoje exportam-se às centenas jogadores desconhecidos por aqui, saídos de times como o Jaguaré Esporte Clube, do Espírito Santo, ou o Pedreira, do Pará. Passam do anonimato no interior do Brasil ao anonimato em algum canto remoto do planeta.

Outra novidade significativa diz respeito à idade dos jogadores exportados. Craques das gerações anteriores geralmente saíam do país depois de ter feito carreira em grandes clubes daqui e chegado à seleção nacional. Um exemplo eloquente é o da seleção brasileira que encantou o planeta na Copa de 1982, na Espanha, apesar da derrota nas quartas de final para a Itália. Com a exceção de Falcão, todos os outros titulares daquela equipe atuavam no Brasil. A maioria deles foi jogar na Europa *depois* do Mundial. Hoje a regra se inverteu: com raríssimas exceções, os titulares da seleção atuam no exterior.

De primeiro nível ou não, nossos atletas partem cada vez mais jovens. Ainda que a lei impeça a transferência de menores de 18 anos, há garotos de 14 ou 15 anos que já estão negociados com clubes europeus e apenas esperam a maioridade para emigrar para o Velho Mundo. Sem falar nos artifícios encontrados para burlar a lei, como a contratação fictícia (para as mais diversas funções) de um dos pais do adolescente em questão pelo clube comprador, o que justifica legalmente a mudança de país de toda a família.

Clubes europeus mantêm observadores e caçadores de talentos – os chamados "olheiros" – em ação pelo país afora. Alguns não se limitam a isso. Associam-se a agentes e empresários brasileiros na criação de escolinhas, centros de treinamento e triagem de craques mirins.

Hoje há empresas brasileiras que investem pesadamente na formação de "pé de obra" para exportação. É o caso da Traffic, agressiva firma de *marketing* esportivo que, além de deter os direitos de transferência de atletas de vários times, criou um clube próprio só para revelar novos jogadores, o Desportivo Brasil, de Porto Feliz (SP). É uma espécie de incubadora, em que 120 atletas com idade entre 13 e 20 anos submetem-se a uma rotina estrita de treinamentos. Moram em alojamentos no próprio clube e treinam de segunda a sábado, em troca de uma ajuda de custo que geralmente não chega a R$ 200 mensais.[7]

Os lucros obtidos com o investimento em jovens promessas podem ser astronômicos. O zagueiro Breno, revelado pelo São Paulo, rendeu R$ 12 milhões ao grupo de supermercados Sonda em menos de cinco meses. Como? Simples: a empresa deu ao jogador um apartamento de R$ 500 mil em troca de 30% dos direitos sobre sua negociação. Meses depois, o São Paulo o vendeu ao Bayern de Munique por R$ 40 milhões.[8]

A situação tem preocupado torcedores, dirigentes de clubes, governantes e cronistas esportivos. A dinâmica tradicional do futebol brasileiro está sendo subvertida, etapas estão sendo queimadas. Até recentemente, o esquema padrão era o seguinte: os pequenos clubes do interior ou das periferias das metrópoles revelavam jogadores para os grandes clubes; nestes, eles se tornavam conhecidos, os melhores chegavam à seleção e eventualmente eram vendidos para o exterior. Um arranjo de que todos tiravam algum proveito e que vigorou durante décadas.

---

[7] "Chuteiras Que Valem Ouro", reportagem de capa da revista *Veja* nº 2.112, de 13 de maio de 2009.

[8] Idem, ibidem.

Com o fim da "lei do passe", que prendia os atletas a seus clubes mesmo depois do término de seu contrato de trabalho, e a abertura dos mercados, intensificada pela globalização econômica, o sistema se desarticulou radicalmente. Os clubes pequenos encontram cada vez mais dificuldades para sobreviver, os "grandes" tornaram-se verdadeiros balcões de negócios, vendendo jogadores que não chegam a completar uma temporada no time, agentes e empresários enriquecem da noite para o dia e a seleção brasileira se transformou numa vitrine.

Para os mais apocalípticos, está ameaçada, a médio prazo, a condição do Brasil como "celeiro de craques", forjada ao longo de um século de bom futebol. Já os mais otimistas (ou integrados) julgam que a aparente confusão atual é apenas o início de uma nova ordem, mais moderna, livre do ranço paternalista e oligárquico que marcou desde sempre nosso futebol profissional. Esse debate será examinado melhor mais adiante.

O fato é que não é a primeira vez que se prevê a morte da galinha dos ovos de ouro e o esgotamento da produção contínua de novos talentos futebolísticos. Durante o longo jejum de títulos da seleção brasileira (entre 1970 e 1994), e em especial nos momentos de queda de público, aumento da violência e declínio do nível técnico dos campeonatos disputados no país, muitos enxergaram os signos do fim inelutável.

A teoria mais difundida era a que detectava a *causa mortis* do "melhor futebol do mundo" no desaparecimento dos campos de várzea por força do crescimento urbano e da especulação imobiliária. A substituição da várzea pelas escolinhas de futebol de classe média resultaria, dizia-se, na elitização, na perda de identidade e no "embranquecimento" do futebol profissional brasileiro.

Passados alguns anos, as previsões alarmistas não se confirmaram. Seguiram surgindo craques em grandes quantidades, provenientes, em sua maioria, dos bairros e recantos mais pobres do país. E ainda que o astro mais reluzente da seleção brasileira seja hoje um rapaz branco oriundo da classe média (Kaká), o restante da equipe é majoritariamente composto por negros e mulatos de origem social modesta. O temido embranquecimento não aconteceu, ao menos por enquanto.

Ainda é cedo para prever os desdobramentos do quadro atual, sobretudo porque eles dependem dos movimentos da conjuntura econômica internacional, das frequentes alterações da legislação esportiva, da correlação interna das forças políticas ligadas ao futebol e de uma série de fatores aleatórios inerentes a esse esporte tão infenso às previsões e sistematizações.

Mas é certo que novas mudanças ocorrerão. Se a primeira leva de exportações – aquela de Fausto e Domingos da Guia – acelerou a profissionalização do futebol brasileiro nos anos 30,[9] o alarme atual deverá suscitar – já está suscitando – novas ações do poder público, dos clubes e federações, de modo a manter o celeiro em funcionamento em condições mais ou menos sustentáveis.

---

[9] O profissionalismo foi adotado oficialmente pelos clubes e ligas do Rio de Janeiro e de São Paulo em 1933, embora só tenha sido reconhecido pela Confederação Brasileira de Desportos em 1937. Até então vigorava nos clubes brasileiros uma mescla do velho amadorismo com o chamado "profissionalismo marrom", que era o pagamento de salários ou bonificações "por fora". Esse processo é descrito em detalhes saborosos no clássico de Mário Filho, *O Negro no Futebol Brasileiro,* 4ª edição (Rio de Janeiro: Mauad, 2003) e também em Joel Rufino dos Santos, *História Política do Futebol Brasileiro* (São Paulo: Brasiliense, 1981), e em Rubim Santos Leão de Aquino, *Futebol, Uma Paixão Nacional* (Rio de Janeiro: Jorge Zahar, 2002), entre outros livros.

2. O FUNDO DO POÇO SEM FUNDO

O futebol brasileiro atravessa, neste início de século 21, um momento de profundas transformações. Ainda não se sabe muito bem o que resultará dessa turbulência, mas o certo é que nada será como antes. A inserção num mundo cada vez mais globalizado, em que o futebol, como ramo privilegiado da indústria do entretenimento, movimenta cifras que há algumas décadas eram inimagináveis, pôs a nu de modo dramático a fragilidade de nossos clubes e a precariedade de nossa arcaica estrutura esportiva (federações, torneios, legislação).

O ápice da crise parece ter-se dado no final de 2000, no rastro da derrota para a França na Copa de 1998 e do fiasco futebolístico nas Olimpíadas de Sydney-2000. Duas CPIs simultâneas foram instaladas à época no Congresso Nacional: uma, da Câmara, voltada para a investigação de supostas irregularidades no contrato entre a CBF e seu principal patrocinador, a empresa de material esportivo Nike; a outra, do

Senado, de escopo mais amplo, interessada em revirar os desmandos e roubalheiras dos dirigentes de clubes e federações.

PODER PÚBLICO E FUTEBOL – AS LIGAÇÕES PERIGOSAS

À parte seus lances risíveis ou pitorescos – como a pergunta de um deputado a Ronaldo sobre quem estava encarregado de marcar Zidane na final da Copa –, as duas CPIs acabaram por revelar muitos dos podres de uma estrutura carcomida, além de apontar indícios de diversos crimes financeiros e políticos cometidos por "cartolas" como o presidente da CBF, Ricardo Teixeira, o então presidente da Federação Paulista de Futebol, Eduardo José Farah, e o então presidente do Vasco da Gama e deputado federal (e membro da própria CPI!) Eurico Miranda.

Ainda que nenhum dos indiciados tenha sofrido qualquer punição, o desgaste da velha cartolagem ficou patente. Coincidentemente ou não, 2000 foi o ano da última grande "virada de mesa" no Campeonato Brasileiro, com dois clubes grandes e tradicionais, o Fluminense e o Bahia, sendo guindados artificialmente à primeira divisão do torneio, que naquele ano foi batizado de "Copa João Havelange", numa significativa homenagem. Havelange, como se sabe, foi uma espécie de "supercartola". Presidiu a antiga CBD (Confederação Brasileira de Desportos, antecessora da CBF) entre 1956 e 1974, e a Fifa entre 1974 e 1998.

Havelange, vale lembrar também, é sogro de Ricardo Teixeira, que preside a CBF desde 1989. Não foi por acaso que o norte-americano Franklin Foer, em seu livro *Como o Futebol Explica o Mundo*, intitulou o capítulo dedicado ao Brasil de "A Sobrevivência Dos Cartolas".[10]

Seja como for, desde 2001 as regras têm sido respeitadas, o que já não é pouco, se levarmos em conta o histórico anterior da CBF e da assim chamada Justiça Desportiva. Nos últimos anos, alguns dos maiores clubes do país – Corinthians, Grêmio, Palmeiras, Botafogo – foram rebaixados à segunda divisão, algo inconcebível há 20 anos, e voltaram à elite por seus próprios méritos em campo. Desde 2003 o Brasileirão é disputado no sistema de pontos corridos, com todos os times jogando contra todos em turno e returno. O número de participantes também se estabilizou em 20 em cada série (A, B e C).

Nos anos 1970, no auge da utilização política do futebol e da promiscuidade entre clubes, federação e poder público, o Campeonato Brasileiro chegou a contar com nada menos que 96 times. Ficou célebre um *slogan* satírico da época: "Onde a Arena vai mal, mais um clube no Nacional". Estava-se em pleno regime militar, e o presidente da então CBD era o almirante Heleno Nunes, que "coincidentemente" presidia também a Arena (o partido governista) no Estado do Rio de Janeiro.[11]

---

[10] O livro foi publicado em 2004 nos Estados Unidos e em 2005 no Brasil. O capítulo referente ao futebol brasileiro tem como personagem principal Eurico Miranda, que perdera surpreendentemente, nas eleições de 2002, seu cargo de deputado federal, em mais um sinal de decadência dos velhos caciques do esporte. Seis anos depois Eurico perderia também a presidência do Vasco para o ex-jogador Roberto Dinamite.

[11] O Campeonato Brasileiro começou a ser disputado em 1971. Em sua primeira edição, contou com 20 clubes, mas esse número foi aumentando sem parar ao longo da década: passou a 26 já em 1972, a 40 em 1973, a 42 em 1975, a 54 em 1976, a 62 em 1977 e a 74 em 1978, antes de atingir o espantoso recorde de 96 clubes em 1979. Fonte: *O Almanaque do Futebol Brasileiro – 96/97*, de Marco Aurelio Klein e Sergio Alfredo Audinino (São Paulo: Editora Escala, 1996).

A questão da ingerência – ou da omissão – do poder público perpassa praticamente toda a história do futebol brasileiro. Pelo menos desde a gestão Washington Luís (1926-30) tem-se notícia de intervenções do governo nos assuntos esportivos e, em particular, futebolísticos.

Foi no Estado Novo de Getúlio Vargas, porém, que a relação entre futebol e política se estreitou. Consciente da popularidade do futebol e do potencial político dos esportes, o ditador criou em 1941 o Conselho Nacional dos Desportos, com o objetivo de disciplinar a prática esportiva no país, atuando como órgão normativo e fiscalizador. De traço notadamente paternalista e autoritário, o CND se inspirava na experiência do fascismo italiano.[12]

O paternalismo e o clientelismo sempre pautaram, em maior ou menor medida, as relações entre o poder político e o esporte no Brasil. O paradoxo de base é que o futebol é um assunto de interesse público, que mobiliza as paixões de milhões de cidadãos, mas os clubes e federações são entidades privadas, nas quais, em princípio, os governantes não podem intervir. Claro que, em regimes autoritários, como o Estado Novo e a ditadura militar instituída em 1964, isso não chegava a ser um problema, mas na ordem democrática sim.

---

[12] Ver Marcelo Weishaupt Proni, *A Metamorfose do Futebol* (Campinas: Unicamp, 2000). Muitos dos dados e interpretações do presente capítulo sobre as relações entre o Estado e o futebol, bem como sobre o desenvolvimento do esporte como negócio, foram extraídos do livro de Proni. Sobre a utilização política do futebol no período do Estado Novo, ver também o pequeno livro de João Fernando Ferreira, *A Construção do Pacaembu* (São Paulo: Paz e Terra, 2008).

BALANÇA MAS NÃO CAI – A RESISTÊNCIA DO ANTIGO REGIME

Desde o governo Collor (início dos anos 90) o poder público federal tem mostrado algum empenho em empreender a modernização e o saneamento da estrutura do futebol brasileiro. Mas essa ação governamental, iniciada com a chamada Lei Zico quando o ex-jogador era secretário dos Esportes de Collor, tem sido irregular, para não dizer espasmódica, marcada por avanços e recuos e por arranjos e acomodações com a velha cartolagem.

As tentativas de enfrentamento da herança patriarcal, oligárquica e amadora da gestão do futebol brasileiro têm configurado um processo de "modernização conservadora" bem ao estilo da nossa história política, em que alguns cedem os anéis para não perder os dedos, ou procuram "fazer a revolução antes que o povo a faça".

Os percalços enfrentados no Congresso pela Lei Zico e pela subsequente Lei Pelé – elaborada quando o Rei se rebaixou à condição de ministro, no governo Fernando Henrique Cardoso – atestam os compromissos e arreglos que os governantes se viram forçados a fazer com a velha ordem do futebol, representada no Parlamento pela chamada "bancada da bola" (deputados e senadores ligados aos clubes e federações).

Sem entrar nos meandros aborrecidos das duas leis, basta dizer que a modernização proposta por elas se assentava sobre dois alicerces: o fim do "passe" (o vínculo que mantinha o jogador preso a seu clube, mesmo depois de vencido o contrato de trabalho) e a transformação obrigatória dos clubes de futebol em empresas, com a profissionalização de seus dirigentes e a obrigação de apresentar balanços de seus lucros e operações contábeis.

Depois de anos de trâmites, negociações e conchavos, conseguiu-se a extinção do "passe", mas não a conversão dos clubes em empresas, que se tornou apenas facultativa. Desse modo, mantendo suas agremiações como associações civis sem fins lucrativos, os velhos "cartolas" têm buscado uma sobrevida na nova ordem, impulsionada pela modernização capitalista vivida pelo futebol europeu a partir da década de 80.

Trata-se, evidentemente, de uma situação esdrúxula e paradoxal, a de um futebol de jogadores profissionais e dirigentes amadores. Uma atividade altamente comercial, que movimenta milhões de dólares, capitaneada por agremiações "sem fins lucrativos".

A extinção do "passe", que chegou a ser chamada por Pelé de "Lei Áurea do futebol", não surtiu, por sua vez, os efeitos desejados. Na visão do ex-jogador e ex-secretário dos Esportes Zico, os atletas deixaram de ser escravos dos clubes para se tornar escravos dos agentes e empresários.

De fato, dada a origem modesta e o baixo grau de instrução da maioria dos futebolistas e de suas famílias, muitos são levados desde adolescentes a assinar contratos com agentes e representantes que passarão a influir sobre suas transferências futuras e a abocanhar boa parte dos seus ganhos.

Apesar da mudança, continua-se a dizer, de modo impreciso, que um jogador é "vendido" de um clube a outro. Na verdade, o que acontece, quando da transferência de um atleta com contrato ainda em vigor com um clube, é o pagamento da multa rescisória do contrato em questão. Essa multa é proporcional ao valor do salário do jogador.

O que é um tanto bizarro, na situação atual, é que, além do contrato de trabalho entre o atleta e o clube, existe geralmente um outro contrato, anterior, que define a repartição dos "direitos econômicos" referentes a esse atleta, ou seja, a quanto cada investidor (clube, agente, empresa, eventualmente o próprio atleta) terá direito em cada transferência.[13]

Os direitos econômicos do jovem atacante corintiano Dentinho, por exemplo, estão assim divididos: 57,5% são do Corinthians, 22,5% do grupo de supermercados Sonda e 20% da Guadagno Sports. Esse desmembramento dos craques entre vários "proprietários" é um dos aspectos mais curiosos – e assustadores – da nova ordem.

Os cartolas, por seu turno, alegam que o fim do "passe" descapitalizou os clubes, em especial os formadores de atletas. Segundo eles, tornou-se contraproducente investir nas categorias de base. Os clubes teriam ficado frágeis na relação com seus congêneres estrangeiros. Essa seria a causa principal da evasão de talentos e da dificuldade de manter um mesmo elenco de jogadores por mais de uma temporada.

APOCALÍPTICOS E INTEGRADOS – ONDE FICA A SAÍDA?

Torcedores, estudiosos e comentaristas divergem na avaliação do problema. Os mais saudosos – entre os torcedores, mas também entre muitos cronistas – evocam o velho "amor à camisa" e rememoram com nostalgia o Santos de Pelé, a "Academia" palmeirense e outros times que encantaram o público durante anos a fio. São lembrados os casos de craques como Nilton

---

[13] Para se familiarizar com as questões econômico-financeiras referentes ao futebol, uma boa opção é navegar pelo site http://futebolnegocio.wordpress.com.

Santos, que só vestiu, ao longo de 16 anos, uma única camisa, a do Botafogo.

É evidente que tempos como esses dificilmente voltarão. Casos de atletas de ponta que permanecem vários anos no mesmo time – como os goleiros Marcos, do Palmeiras, e Rogério Ceni, do São Paulo – são cada vez mais raros. Num mercado altamente dinâmico, regido pelo livre comércio global, é praticamente impossível resistir às forças de atração do grande capital. É por isso que todas as propostas de medidas que visem a coibir a evasão de jogadores acabam por se revelar inócuas do ponto de vista econômico ou autoritárias, e portanto, inviáveis, do ponto de vista político.

Descartados o "amor à camisa" e a intervenção de cima para baixo, que saída resta para fazer frente à fragilidade dos clubes nacionais e à sangria desatada de craques?

Para os otimistas, basta sanear, modernizar e tornar mais eficiente a gestão do futebol no país para trazer de volta o público, atrair grandes investidores e patrocinadores, aumentar os direitos de televisionamento (inclusive internacional) e, com isso, tornar mais sólidos e competitivos os nossos clubes e torneios.

"Em vez de vender o espetáculo, vendem os artistas", resume o ex-jogador e hoje comentarista Sócrates, referindo-se à incompetência de nossos dirigentes. Estádios confortáveis e seguros, controle da violência das torcidas, calendário racional que permita a venda antecipada de ingressos e permanentes, políticas inteligentes de *marketing*, firmeza na negociação dos direitos de TV, tudo isso estaria, segundo essa visão, ao alcance da mão e teria o poder de restituir ao futebol brasileiro a saúde e o vigor perdidos.[14]

---

[14] A visão modernizadora do futebol brasileiro encontrou uma expressão detalhada e refinada na série de artigos que Matinas Suzuki Jr., então editor-executivo da *Folha de S.Paulo*, publicou no jornal em janeiro de 1997, sob o título "O Futebol Brasileiro na Era da Globalização".

Mas há quem veja obstáculos virtualmente intransponíveis ao triunfo de um tal modelo empresarial moderno de gestão do futebol. Essas dificuldades estariam ligadas a problemas socioeconômicos mais profundos do país. Enquanto estes permanecerem em aberto, alegam os pessimistas, o futebol não sairá da crise.

O "gargalo" seria, em última instância, o preço do ingresso. Resumindo um tanto grosseiramente a questão: o futebol é hoje um fenômeno global essencialmente televisivo, movimentando bilhões de dólares em direitos de transmissão e em veiculação de publicidade, mas segue sendo um espetáculo que depende da presença física do público. A massa que lota as arquibancadas e vibra com o desenrolar do jogo é a sua seiva vital. A transmissão pela TV, pelo rádio ou pela internet de uma partida sem torcedores é algo sem sentido.

Quando se pensa numa modernização dos estádios que os torne seguros e confortáveis, livres dos vândalos e brigões, quase sempre se tem em mente uma certa elitização do público. Uma das primeiras ideias é sempre a elevação do preço dos ingressos. Sem entrar na discussão ideológica da proposta e de seu caráter eventualmente discriminatório e talvez até veladamente racista, o fato é que não seria uma solução mágica.

Por mais que venha mudando, o futebol, no Brasil, ainda é uma paixão autenticamente popular. Os torcedores mais numerosos e fiéis costumam ser os das camadas proletárias e subproletárias da população, embora setores crescentes da classe média tenham sido atraídos nas últimas décadas. Ao que parece (pois não há estudos sistemáticos sobre o assunto), o espectador de classe média é mais inconstante, sazonal, prestigiando seu time apenas quando este está em alta e alternando o futebol com outras formas de lazer, como o cinema, o teatro e os *shows* musicais.

Costuma-se dizer que o ingresso de uma partida de futebol no Brasil é barato, se comparado ao preço cobrado na Europa. É verdade, mas o desnível dos índices de renda *per capita* é muito maior. Hoje uma entrada para os setores mais baratos dos estádios brasileiros custa em média, no país, US$ 8 (os preços variam de uma região para outra, e até dentro de uma mesma cidade), cerca de metade do que custa na Espanha, na Itália e na Inglaterra. Mas é preciso levar em conta que a renda *per capita* anual do Brasil não chega a US$ 5 mil. Na Espanha é de quase US$ 15 mil, na Itália e na Inglaterra passa dos US$ 20 mil.[15]

Somem-se a isso as dificuldades de transporte e locomoção, sobretudo para quem vive nos bairros pobres das grandes cidades brasileiras, e começamos a compreender que a queda de público não tem a ver apenas com a desorganização dos campeonatos, a precariedade dos estádios e a qualidade discutível do espetáculo.

---

[15] O impasse que entrava a competitividade do futebol brasileiro no mercado internacional foi exposto com clareza por Edgar Chagas Diniz e Leonardo Lenz Cesar, economistas que trabalham com administração esportiva, no artigo "A Dinâmica da Indústria do Futebol", em *Conjuntura Econômica*, v. 53, nº 11, março de 1999 (citado em Marcelo Weishaupt Proni, *A Metamorfose do Futebol*): "Em uma indústria intensiva em mão de obra e tendo a perfeita mobilidade geográfica como característica peculiar, as empresas (os clubes) têm seus principais custos determinados no mercado global, independentemente da qualidade da gestão dos clubes. Já as suas receitas, tais como direitos de TV, bilheteria, patrocínios e licenciamento de produtos, dependem inteiramente da dinâmica do mercado local onde esses clubes estão inseridos".

Isso não quer dizer que seja pequeno ou irrelevante o papel dos gestores do esporte no país. Embora, como vimos, nos últimos anos tenha havido progressos nesse terreno, são fortes as evidências de que a velha cartolagem sobrevive, ainda que sob nova roupagem, e de que antigos métodos de mando e administração se mantêm.

Ricardo Teixeira, arranhado momentaneamente pelas CPIs, investigado pelo Ministério Público e acossado pela mídia impressa e eletrônica, acabou mostrando uma notável capacidade de recuperação. Fortaleceu-se com a conquista, pela seleção brasileira, da Copa do Mundo de 2002, no Japão e na Coreia, e com a escolha do Brasil como sede da Copa de 2014.[16] Atraiu o apoio de um antigo desafeto importante, o ex-jogador e ex-ministro Pelé, e aproximou-se do governo Lula.

O governo federal cedeu a uma situação de compromisso com a velha ordem oligárquica, criando em 2006 a Timemania, loteria federal que destina parte da sua renda para ajudar os clubes a saldar suas astronômicas dívidas trabalhistas e fiscais.

Os setores mais críticos da imprensa e da opinião pública têm manifestado preocupação com a gestão dos recursos destinados à preparação da Copa

---

[16] Numa demonstração do poder de Ricardo Teixeira junto à Conmebol (a federação sul-americana de futebol) e à Fifa, o Brasil tornou-se em 2006 candidato único a sediar a Copa de 2014. Várias cidades do país se candidataram e, depois de um processo pouco transparente de escolha, foram eleitas 12 sedes para os jogos do Mundial: São Paulo, Rio de Janeiro, Brasília, Belo Horizonte, Porto Alegre, Salvador, Recife, Manaus, Natal, Cuiabá, Curitiba e Fortaleza. De início, Teixeira afirmou que todos os gastos para as obras de reforma ou construção de estádios seriam custeadas pela iniciativa privada. Em agosto de 2009, já admitia que o poder público terá de arcar com uma parte considerável das despesas.

do Mundo no Brasil. Mais uma vez, o futebol é convocado a ser uma espécie de espelho do país. Sairemos do evento com a imagem (interna e externa) de um país sério, que se moderniza em moldes democráticos, ou de uma república bananeira que perpetua os vícios de seu atraso?

Campinho de futebol no Jardim Irene, na periferia de São Paulo (SP). *[01/07/2002]*

3. A BOLA NOSSA DE CADA DIA

Quando se fala em "futebol brasileiro", o que primeiro nos vem à mente é o esporte profissional: os torneios, os clubes, a seleção, os craques. Mas esta é apenas uma parte da coisa toda. Uma parte fundamental, é verdade, em termos de visibilidade e de volume de capital movimentado,[17] mas relativamente muito pequena se pensarmos no conjunto da sociedade e nas múltiplas formas como o futebol é vivido por ela no dia a dia.

Se os futebolistas profissionais "federados" (isto é, inscritos em federações) pouco passam dos 20 mil no país, estima-se em nada menos que 30 milhões o número de praticantes amadores do esporte.[18] São 14

---

[17] De acordo com um balanço elaborado pela Fifa e enviado em 2001 à Fundação Getúlio Vargas (FGV), o futebol movimenta US$ 16 bilhões por ano no Brasil. Desse total, US$ 440 milhões referem-se apenas às transferências de jogadores.

[18] Conforme levantamento feito pela FGV para a CBF, citado em reportagem do *JB on-line* de maio de 2001: http://jbonline.terra.com.br/jb/papel/esportes/2001/05/21/joresp20010521016.html.

mil os times amadores (os clubes com departamento de futebol profissional, ou semiprofissional, são cerca de 800) e isso não inclui, obviamente, os "peladeiros" que se reúnem eventualmente para jogar na praia, nas quadras de clubes, escolas e centros esportivos, nos campos de várzea, de fazenda ou de fábrica, nos terrenos baldios, nas miríades de campos de grama sintética espalhados pelas grandes cidades brasileiras.

No Brasil, para qualquer lado que se olhe, haverá sempre um gol improvisado, um campo traçado por cal, por giz ou simplesmente pela imaginação. O futebol se desdobrou entre nós numa série de modalidades derivadas e adaptadas às mais diversas condições de realização: o futsal (antigo "futebol de salão"), o futebol *society* ou futebol suíço, o *showball*, o futebol de praia, o futevôlei. Isso para não falar de jogos de natureza totalmente distinta, mas inspirados nas suas regras, na sua história e na sua mitologia: o pebolim (ou totó, como é chamado no Rio), o futebol de botão e os inúmeros *games* eletrônicos que têm o futebol como modelo e referência. Houve até, nos anos 1970, uma modalidade efêmera e bizarra, o "autobol", jogado por duas equipes de automóveis e uma bola de couro de 1,20 metro de diâmetro.[19]

O fato de o futebol ter-se popularizado no Brasil entre cidadãos que não têm acesso a clubes e boas escolas, e que portanto aprendem a praticá-lo desde a infância em campinhos irregulares de terra, em ruas esburacadas, em praias e pastos, em meio a vacas, árvores ou automóveis, costuma ser evocado para explicar a habilidade ímpar dos jogadores brasileiros, seu "jogo de cintura" e capacidade de improvisação.

Sem entrar na discussão do quanto pode haver de construto ideológico nessa ideia, o fato é que o futebol

---

[19] A existência desse pitoresco derivado do futebol é lembrada no livro de Alex Bellos, *Futebol – O Brasil em Campo* (Rio de Janeiro: Jorge Zahar, 2002); pp. 137-144.

no Brasil tem assumido, há um século, as formas mais variadas e vencido os obstáculos mais difíceis.

DA SELVA À METRÓPOLE – O FUTEBOL NO DIA A DIA

Um dos eventos mais emblemáticos da força mobilizadora do futebol nos cantos mais remotos do país é a impressionante Copa dos Rios, que reúne anualmente times representativos de municípios amazonenses localizados à beira do Amazonas e de outros grandes rios da região, como o Negro, o Solimões, o Madeira, o Juruá e o Purus. Em sua primeira fase entram no torneio todas as seleções municipais que se inscrevem. Esse número inicial varia entre 40 e 50 a cada ano. Alguns dos times viajam até duas semanas de barco para realizar seus jogos. Os rios são, na maior parte dos casos, a única via de comunicação entre as cidades envolvidas.[20]

Também no Amazonas, mais precisamente em Manaus, ocorre há quase quatro décadas aquele que é considerado o maior campeonato amador de futebol do mundo, o Peladão, ou Campeonato de Peladas de Manaus. O torneio, que em 2009 realizou sua 37ª edição, reúne anualmente entre 500 e mil times da região. Paralelamente à competição, realiza-se um concurso de beleza entre torcedoras dos clubes participantes, para eleger a

---

[20] Histórias saborosas da Copa dos Rios de 1997 são narradas em Mário Magalhães, *Viagem ao País do Futebol* (São Paulo: DBA, 1998). Com fotos de Antônio Gaudério, o livro reúne reportagens realizadas por Magalhães em 17 cidades de nove Estados brasileiros e publicadas na *Folha de S.Paulo* entre 1993 e 1997.

Rainha do Peladão. Desfilando com a camiseta dos respectivos clubes sobre sumários biquínis, as candidatas completam a dupla conotação da palavra "pelada".[21]

Até entre os índios o futebol é uma diversão levada muito a sério. Desde 1996 acontecem anualmente os Jogos Olímpicos Indígenas, promovidos pelo Ministério dos Esportes em parceria com os Estados-sedes de cada edição. O evento reúne atletas de cerca de 60 diferentes etnias de todo o país. Desnecessário dizer que o futebol, tanto masculino como feminino, é um dos esportes mais concorridos, ao lado de modalidades mais caracteristicamente indígenas, como a corrida de toras.

Indígenas da Vila Surumu, na Reserva Raposa/Serra do Sol, em Roraima. [18/05/2008]

---

[21] Uma divertida descrição de uma das edições do Peladão, bem como uma reportagem sobre personagens e o contexto social da competição, encontra-se em Alex Bellos, op. cit.; *Futebol – O Brasil em Campo*, pp. 219-240.

E em Roraima se realiza, desde 1997, o Campeonato das Comunidades Indígenas do Estado, com a participação de quase cem seleções de aldeias. É a maior competição futebolística exclusivamente indígena de que se tem notícia.

Um dos estudos mais interessantes sobre a relação entre índios brasileiros e o futebol é o livro *Boleiros do Cerrado*, resultado das pesquisas de campo do antropólogo e ex-futebolista profissional Fernando de Luiz Brito Vianna, que jogou no Juventus de São Paulo e no Noroeste de Bauru com o nome de Fedola. O pesquisador conviveu com os xavantes do cerrado mato-grossense, estudando não apenas os times e torneios entre aldeias, mas também o modo como os índios vivem o futebol no dia a dia. Chegou a atuar como treinador da equipe de uma aldeia – e descobriu pontos de contato entre o pensamento lúdico e dual dos xavantes e o universo do futebol.[22]

Se, até agora, o "futebol indígena" vinha se desenvolvendo à margem do mundo do esporte profissional, limitando-se a jogos intertribais e com raros jogadores índios chegando aos clubes "brancos",[23] em 2010 o Campeonato Paraense da segunda divisão contará com o surpreendente Gavião Kykatejê Futebol Clube. O time, que até o início de 2009 se chamava Castanheira e disputava campeonatos amadores da região, é formado por habitantes da aldeia Gavião Kykatejê situada a 25 quilômetros de Marabá. De seus 26 jogadores atuais, apenas três são não índios.[24]

Tudo isso sem falar nos jogos com bola praticados pelos índios brasileiros antes (ou à margem) do contato com os

---

[22] Ver Fernando de Luiz Brito Vianna, *Boleiros do Cerrado – Índios Xavantes e o Futebol* (São Paulo: Annablume/Fapesp, 2008).

[23] O caso recente de maior visibilidade foi o do lateral-direito Índio (José Satiro Nascimento), bicampeão brasileiro com o Corinthians em 1998 e 1999. Membro da tribo xucuru-cariri, nasceu em Palmeira dos Índios (AL). Chegou a atuar no futebol sul-coreano.

[24] Ver revista *Placar*, edição nº 1.334, de setembro de 2009.

brancos, o que levou alguns ufanistas radicais a apontá-los como precursores do futebol tal como o conhecemos hoje.

No polo oposto ao desse futebol praticado em aldeias e beiras de rio nos confins do país, cresceu exponencialmente nos últimos anos, nas grandes cidades brasileiras, uma modalidade futebolística essencialmente urbana: o futebol *society*, também chamado de futebol sete, futebol suíço e futebol social.

Espécie de intermediário entre o futsal e o futebol propriamente dito, o *society* é jogado por equipes de sete jogadores, em campos de dimensões reduzidas, geralmente de piso sintético, mas também eventualmente de areia ou de grama natural. Seus praticantes são, em geral, assalariados do comércio e do setor de serviços, profissionais liberais, estudantes, pequenos empresários, executivos – uma classe média ampla e heterogênea, em suma.

Apesar do nome estrangeiro, foi no Brasil que o futebol *society* surgiu, ou pelo menos se institucionalizou. Um brasileiro, Milton Mattani, criou as suas regras e fundou, em 1996, a Confederação Brasileira de Futebol Sete *Society*.

Em poucos anos o *society* explodiu. Hoje há 25 federações espalhadas pelo país e calcula-se em 9 milhões o número de praticantes, 4 milhões deles só no Estado de São Paulo.[25] Uma constelação de refletores ilumina as noites paulistanas, cariocas, porto-alegrenses... São os campos de futebol *society*, ocupados por grupos de amigos, vizinhos, parentes, colegas de firma ou de escola. A felicidade – ou ao menos a sua promessa – alugada por uma hora.

---

[25] Outros Estados com número expressivo de praticantes são Rio de Janeiro, Minas Gerais e Rio Grande do Sul, com cerca de um milhão cada, de acordo com dados publicados no site oficial da Confederação Brasileira de Futebol Sete *Society*: www.7society.com.br.

Marta defende a seleção brasileira, nos jogos Pan-Americanos do Rio de Janeiro. [26/07/2007]

4. FUTEBOL É PRA HOMEM?

Ao longo das décadas, meninos e meninas, moços e moças, homens e mulheres do Brasil se acostumaram a ouvir a frase que dá nome a este capítulo – com um viril ponto de exclamação no lugar do de interrogação – sempre que alguma rispidez emergia no calor do jogo. A interdição de gênero foi, durante muito tempo, oficial: vigorou até 1975 um decreto-lei dos tempos do Estado Novo (1941) que proibia às mulheres a prática do futebol.

Hoje em dia já não é bem assim. A mesma frase – "futebol é para homem" – tende a provocar revolta, risos ou constrangimento. Embora siga sendo um universo predominantemente masculino, o futebol se vê "invadido" pelas mulheres por todos os lados.

O futebol feminino ganha cada vez mais adeptas em todo o país. De acordo com o *Atlas do Esporte no Brasil*, as praticantes já passam de 400 mil.[26] Estima-se em 36 mil o número de jogadoras regulares (o que exclui as crianças e as "peladeiras" ocasionais), das quais 4 mil são "federadas" e o restante participa de times amadores.

Do ponto de vista institucional, ou seja, da estrutura de clubes, torneios e federações, a situação do futebol feminino ainda é muito precária no Brasil. São poucos os clubes que mantêm times permanentes de mulheres. Não existe um campeonato brasileiro da categoria, nos moldes do masculino. O que há, por enquanto, é uma Copa do Brasil de Futebol Feminino, que em 2009 teve sua terceira edição, disputada em sistema de "mata-mata" (jogos eliminatórios) por 32 equipes escolhidas a partir de um *ranking* da CBF. A ideia da entidade é fazer da Copa do Brasil o embrião de um futuro Brasileirão, com número fixo de equipes e sistema de acesso e descenso entre as divisões.[27]

Com pouco ou nenhum apoio dos clubes, sem torneios regulares e sem patrocínio, as jogadoras brasileiras enfrentam enormes dificuldades para se profissionalizar. Ainda assim, a seleção brasileira feminina conquistou nos últimos anos uma posição de destaque no cenário internacional. Venceu os Jogos Pan-Americanos de 2003 (em Santo Domingo) e de 2007 (Rio de Janeiro), foi vice-campeã da Copa do Mundo de 2007 e ganhou a prata nas Olimpíadas de 2004

---

[26] Ver. L. P. Dacosta (org.), *Atlas do Esporte no Brasil* (Rio de Janeiro: Shape, 2005). Segundo dados da Fifa de 2000, há 21,8 milhões de jogadoras de futebol no mundo.

[27] Já houve um campeonato brasileiro feminino, mas de existência efêmera: realizou-se entre 1998 e 2001. Hoje o torneio regular mais expressivo do país é o campeonato paulista, que conta com 14 equipes e foi considerado pela Fifa em 2005 como a principal competição do gênero na América Latina.

(Atenas) e de 2008 (Pequim). O Brasil ocupa hoje o segundo lugar no *ranking* feminino da Fifa.

Seguindo, em menor escala, os passos de seus colegas homens, as atletas mais talentosas têm sido contratadas por clubes de países onde o futebol feminino é mais desenvolvido, como os Estados Unidos, a Suécia e a Noruega.

Se o futebol feminino profissional ainda engatinha entre nós, é visível a olho nu o aumento da quantidade de meninas e moças que praticam o esporte nas escolas, nos clubes, na praia, nos campos de futebol *society*, na várzea.

E não é só como jogadoras que elas estão adentrando esse terreno outrora exclusivo do homem. Há hoje, em número e proporção cada vez maiores, mulheres árbitras, repórteres de campo, comentaristas, apresentadoras de programas esportivos, pesquisadoras. O mundo da bola já não é mais um clube do Bolinha.

Não se trata, claro, de um avanço linear, isento de tropeços e recuos ocasionais. O caso da arbitragem é significativo. Depois de um momento de grande visibilidade e até de um certo *frisson*, as árbitras brasileiras parecem estar passando por uma espécie de quarentena. Uma mudança na metodologia dos testes físicos para árbitros acabou por afastá-las dos jogos de primeira divisão. É difícil saber até que ponto as razões do afastamento foram mesmo critérios técnicos ou uma renitente resistência masculina, manifestada em reações furibundas de atletas, dirigentes e torcedores contra eventuais erros das juízas e auxiliares. É esperar para ver.

Seja como for, há hoje sete brasileiras no quadro de árbitros da Fifa: três "juízas" e quatro assistentes ("bandeirinhas", na terminologia antiga). Cerca de 40 árbitras e assistentes atuam nas diversas federações do país.

O Brasil teve, segundo consta, a primeira árbitra de futebol do mundo, Asaléa de Campos Michellim, que em 1967 fez um curso de arbitragem na Federação Mineira de Futebol.[28] Mas foi só quase 40 anos depois, em 2003, que um trio feminino teve permissão de arbitrar um jogo do campeonato brasileiro da primeira divisão.[29] O nome dessas pioneiras: Silvia Regina de Oliveira, no apito, e Ana Paula Oliveira e Aline Lambert, nas bandeiras.

Depois de alguns erros cometidos em jogos importantes de 2007 – daqueles que os árbitros e auxiliares homens cometem em praticamente todas as rodadas –, as mulheres foram colocadas na "geladeira" e sumiram dos jogos de primeira divisão. Silvia Regina deixou de apitar e hoje é instrutora de arbitragem na Federação Paulista de Futebol (FPF). Ana Paula, que ficou famosa nacionalmente ao posar nua para a revista *Playboy* (o que a levou a ser excluída do quadro de árbitros da Fifa), não passou em 2009 nos testes físicos da FPF e corre o risco de ser afastada definitivamente. Aline atuou em partidas do campeonato paulista em 2009, mas não do Brasileirão.

As vicissitudes enfrentadas pelas mulheres na arbitragem indicam que ainda falta muito para que se possa dizer que o machismo no futebol foi superado.

Uma resistência análoga se nota também na chamada crônica esportiva. Há cada vez mais mulhe-

---

[28] A informação é da Associação Nacional dos Árbitros de Futebol (ANAF). Embora formada em 1967, só em 1971 Asaléa teve seu diploma reconhecido pela Fifa.

[29] Na partida entre Guarani e São Paulo, disputada em Campinas em 29 de junho de 2003.

res repórteres e comentaristas atuando em diversos meios de comunicação, algumas com grande destaque, como Soninha Francine e Marília Ruiz, mas elas se queixam com frequência de não ser levadas tão a sério quanto seus colegas homens. E em algumas funções elas simplesmente não entram, como a de locutor esportivo. Ainda parece absurdo imaginar uma voz feminina substituindo as de Galvão Bueno ou Luciano do Vale.[30]

Também inimaginável, ao menos por enquanto, é uma treinadora de time masculino. Mesmo as equipes femininas costumam ser treinadas por homens. Nos meios futebolísticos permanece firme a ideia de que o técnico é muito mais um comandante do que um estrategista. E "comandar", na mentalidade predominante entre os boleiros, torcedores e cronistas esportivos, é sinônimo de falar grosso e, se necessário, "bater o pau na mesa". Nenhuma mulher, por esse critério, se credencia para a tarefa.

Alijadas igualmente das funções de médico, fisiologista e preparador físico, as mulheres estão ausentes quase por completo das comissões técnicas dos times profissionais. Curiosamente, o único papel que são chamadas a exercer, quase sempre em situações de emergência, é o de psicólogas. É como se os machos, em momentos de crise, precisassem de colo.

---

[30] Proliferaram também nos últimos tempos os *sites* e blogs da internet em que mulheres falam sobre futebol. Os mais interessantes são www.torcidafeminina.com.br e www.mulherefutebol.com. Este último, criado e mantido pela jornalista Marina Miyazaki Araujo, "tem como objetivo mostrar aos contaminados pelo futebol uma visão livre de qualquer conhecimento técnico, teórico ou prático sobre o esporte, a partir da crítica sem fundamento e puramente destrutiva da relação homem/bola".

SERÁ QUE ELE É? – HÉTEROS, METROS, HOMOS NO FUTEBOL

Não é só o cerco das mulheres que ameaça o estatuto do futebol como "último reduto do macho". O edifício começa a mostrar rachaduras internas. Os próprios futebolistas, vistos durante um século como modelos de virilidade, passam a revelar outras facetas nesta era de culto às celebridades e de mudanças de papéis sexuais.

Mas não é o caso de superdimensionar o alcance das transformações. Assim como o poder dos cartolas, os velhos conceitos e preconceitos têm uma notável capacidade de resistência. Um jogador identificado pela torcida como homossexual, ainda que negue publicamente essa condição, como é o caso de Richarlyson, do São Paulo, costuma sofrer a hostilidade das arquibancadas e mesmo de setores da chamada crônica esportiva. Mas a própria divisão que começa a surgir entre os torcedores – uns vaiando, outros aplaudindo o jogador em questão – dá sinal de que as coisas estão mudando.

Ninguém mais ignora que o futebol funciona como um catalisador das tensões ideológicas e morais presentes na sociedade. Os astros do esporte estão cada vez mais inseridos no mundo da moda, nas colunas sociais, naquilo que o pensador francês Guy Debord chamou de "sociedade do espetáculo".

Nesse novo contexto, cujo símbolo mais acabado talvez seja o craque galã inglês David Beckham, os futebolistas assumem cada vez mais sua vaidade, seus cuidados com a aparência, quando não seu exibicionismo. Hoje os torcedores já não se chocam ao ouvir um jogador como Robinho declarar que depila as sobrancelhas "para não ficar parecendo um morcego".

Em outros tempos a mera beleza física de um jogador podia suscitar reações de ironia, escárnio ou agressividade da torcida. Um caso célebre foi o do craque Heleno de Freitas, que jogou no Botafogo nos anos 40. Bonito, de classe média, formado em Direito, tinha fama de vaidoso. Dizia-se – sem fundamento – que Heleno trazia consigo um pente para ajeitar os cabelos durante as partidas. Os torcedores adversários, para provocá-lo, gritavam em coro "Gilda, Gilda", em referência ao filme estrelado por Rita Hayworth. Beleza e vaidade, em suma, eram coisa de mulher.

Aos poucos os futebolistas se libertam dos velhos estereótipos e conquistam uma margem de manobra mais ampla para sua vida pessoal, paradoxalmente mais policiada pela mídia e pelos torcedores. Uma liberdade vigiada, em suma.

Esse processo, cabe sempre lembrar, é complexo e contraditório, marcado por avanços e recuos. Um caso eloquente é o dos atletas que posaram para uma revista *gay* de São Paulo.

No final de 1998, a *G Magazine* começou a convidar jogadores conhecidos para aparecer nus em suas páginas. No início de 1999, os corintianos Vampeta e Dinei posaram para a revista como vieram ao mundo, e isso aparentemente não lhes trouxe problema algum, nem no relacionamento com o clube nem com a torcida. A masculinidade dos dois não foi questionada, ao que se saiba, em nenhum momento.

Pouco tempo depois, o jogador Oséas também foi convidado pela revista, mas a diretoria de seu clube, o Palmeiras, proibiu-o de posar, a pedido do treinador Luiz Felipe Scolari. Pior foi a situação de Roger, goleiro reserva do São Paulo. Também convidado, ele fez as fotos e recebeu R$ 100 mil por elas. Quando a edição já estava praticamente pronta, porém, o treinador são-paulino Paulo César Carpegiani ameaçou-o de demissão se a revista saísse com as fotos. A revista saiu, e Roger foi negociado com o Vitória.

Anos antes, o atacante Viola já havia provocado algum *frisson* ao participar, pioneiramente, de um desfile de modas. Hoje é relativamente comum a atuação de atletas como modelos publicitários de roupas, acessórios e perfumes.[31] É provável que o potencial de cada jogador nesse quesito seja, ao lado de suas qualidades técnicas dentro de campo, um fator que influi sobre o seu valor de mercado. Assim, craques como Kaká e Cristiano Ronaldo – sem falar no mencionado Beckham –, que correspondem aos ideais vigentes de beleza masculina, levam ampla vantagem sobre os outros.

Se Beckham é o protótipo do futebolista metrossexual, Ronaldo parece concentrar em si as contradições e ambivalências morais dos tempos que correm. Tudo em sua vida amorosa e sexual se converte em notícia e, eventualmente, escândalo. Sua escapada noturna para um motel carioca com três travestis, em abril de 2008, virou manchete internacional e suscitou uma retratação pública em horário nobre na TV.[32]

---

[31] É curioso comparar a situação atual com a de décadas passadas, quando os futebolistas promoviam café, vitaminas e cigarros. A patrulha hoje, quando existe, refere-se a produtos considerados prejudiciais à saúde. Ronaldo, por exemplo, foi criticado por fazer comerciais de uma marca de cerveja e teve que substituir a frase "Sou brameiro" por "Sou guerreiro".

[32] Beckham também apareceu uma vez na TV inglesa para pedir desculpas a seus compatriotas, mas por um motivo bem diverso: na Copa de 98, na França, ele deu um pontapé num adversário e foi expulso de campo, contribuindo indiretamente para a vitória argentina sobre a Inglaterra nas oitavas de final do torneio. A diferença entre as duas retratações públicas diz muito sobre os valores de cada uma das duas sociedades.

Mesmo antes disso, a vida sentimental de Ronaldo já saltara para o primeiro plano em diversas ocasiões. Um suposto caso de sua então namorada, a modelo e atriz Susana Werner, com um apresentador de TV foi apontado por muitos como causa do colapso nervoso do jogador no dia da final da Copa do Mundo de 98, na França. Em 2005, seu início de namoro com a apresentadora de TV Daniela Cicarelli foi visto pelo treinador da seleção brasileira, Carlos Alberto Parreira, como elemento de motivação do jogador em campo. O casamento com Cicarelli, celebrado nababescamente num castelo da França, duraria apenas três meses e teria um final rumoroso, marcado por trocas de insultos e acusações em público. O desastre matrimonial, mais uma vez, serviu a muitos comentaristas e torcedores como explicação para a negligência do jogador com sua preparação física e, em última instância, para sua pífia performance no Mundial de 2006.

Problemas amorosos foram aventados como possíveis causas de crises ou fases ruins vividas por jogadores como Rivaldo e Adriano, o que não chega a ser propriamente uma novidade. Já nos anos 50 e 60 as oscilações do futebol do craque Didi eram atribuídas aos altos e baixos de seu relacionamento com a esposa, a bela mulata Guiomar. E a cantora Elza Soares foi acusada de acelerar a decadência de Garrincha.[33]

---

[33] A acusação é totalmente injusta, como demonstra a biografia do craque escrita por Ruy Castro, *Estrela Solitária – Um Brasileiro Chamado Garrincha* (São Paulo: Companhia das Letras, 1995).

ENTRE A BALADA E O TEMPLO: HEDONISMO E RELIGIÃO

Cabe apontar um último paradoxo: ao mesmo tempo em que a imagem dos atuais boleiros de sucesso aponta para um certo hedonismo, com carrões, mulheres, baladas, pagode, eventuais excessos de álcool e drogas, cresce também o número de atletas famosos que se convertem às várias correntes evangélicas. Às vezes a gandaia e a profissão de fé convivem no mesmo jogador, como o "atleta de Cristo" Robinho, acusado de atacar sexualmente uma garota de 18 anos que conheceu numa boate inglesa.[34]

A religiosidade dos boleiros brasileiros, em que sempre predominou o catolicismo popular, misturado com a umbanda e outros cultos de origem africana e indígena, passa por visíveis transformações. Ganham cada vez mais adeptos as igrejas neopentencostais, como a Renascer em Cristo e a Universal do Reino de Deus, que condenam o álcool, as drogas e o homossexualismo e valorizam ao extremo a prosperidade material.[35]

O grande astro dessa tendência é, evidentemente, Kaká, que além de doar à Renascer polpudas

---

[34] Detido pela polícia, Robinho pagou a fiança e se livrou. Nada foi provado contra ele. Ao que tudo indica, foi uma acusação falsa, uma tentativa de extorsão.

[35] De acordo com a revista *Placar* (edição nº 1.334, de setembro de 2009), 11 jogadores da seleção de Dunga, entre titulares e reservas, fazem parte do "grupo de orações" da equipe, além do auxiliar-técnico Jorginho. Alguns são evangélicos, outros são católicos da linha "atletas de Cristo". O pastor Anselmo Alves, ex-jogador, contratado da CBF como orientador espiritual, viaja junto com a delegação. Nos clubes, verifica-se também uma tendência a substituir os antigos pais de santo por pastores evangélicos.

somas referentes ao seu dízimo, saiu publicamente em defesa dos fundadores e líderes da igreja, presos nos Estados Unidos e indiciados no Brasil por crimes financeiros. Num gesto simbólico pleno de significado, Kaká cedeu também à Renascer, para que ficasse em exposição em sua sede principal, em São Paulo, o troféu de melhor futebolista do mundo, que ele conquistou em 2007. Vão longe os tempos em que os jogadores acendiam velas a Exu nas encruzilhadas para conseguir uma vitória.[36]

[36] Outros boleiros conhecidos por sua ligação com igrejas evangélicas são o ex-atacante Müller (que chegou a pastor), o meia Marcelinho Carioca e o goleiro Fábio Costa. Ironicamente, todos eles se envolveram em confusões e escândalos dentro e fora de campo. Outro evangélico, o ex-lateral Jorginho (atual assistente do técnico Dunga na seleção), justificou ironicamente, quando atuava na seleção, suas entradas duras contra os adversários: "Está na *Bíblia*: é melhor dar do que receber".

5. A CARA DO BRASIL

O futebol brasileiro, como se sabe, tem a sua fundação mítica: o desembarque no porto de Santos, em 1894, do paulistano Charles Miller, filho de escocês com brasileira, que voltava de seus estudos na Inglaterra trazendo na bagagem duas bolas, uma bomba para enchê-las e um livro de regras. Pouco importa que as coisas não tenham se passado bem assim.[37] Essa imagem primordial serve como uma luva a uma visão da gênese do nosso futebol como produto da ação voluntariosa de uma elite em contato direto com as fontes britânicas do novo esporte.

E o futebol entre nós foi, de fato, em suas primeiras décadas, um divertimento de elite, praticado por funcionários de empresas inglesas, por alunos de

---

[37] Em *Visão do Jogo: Primórdios do Futebol no Brasil* (São Paulo: Cosac Naify, 2002), o historiador José Moraes dos Santos Neto mostrou que desde o início da década de 1880 vários colégios brasileiros, em sua maioria jesuítas, já adotavam o *foot-ball* entre suas atividades físicas.

colégios caros, por sócios de clubes aristocráticos de tênis ou de regatas. O que o tornou "coisa nossa" e o alçou à condição de fenômeno sociocultural complexo e tentacular foi a sua incorporação pelas camadas mais baixas da população, em especial o proletariado e o lumpesinato dos centros urbanos.

Nas primeiras décadas do século 20, paralelamente aos torneios realizados pelos clubes e ligas de elite, o futebol foi sendo cada vez mais jogado nas várzeas, nos campinhos de terra, nos terrenos baldios que abundavam ainda nas grandes cidades.

O crítico e ensaísta teuto-brasileiro Anatol Rosenfeld descreveu assim esse processo: "Nas famosas 'peladas' (lugar onde os cabelos caíram; clareira, daí o nome popular dos campos de futebol não tratados dos subúrbios) formaram-se equipes, cujos jogadores adolescentes muitas vezes não tinham mais nada para fazer o dia inteiro do que se exercitarem, uma vez que nem iam à escola, nem pensavam em trabalhar e que, em consequência disso, desenvolveram logo uma técnica sedutora".[38]

Nesse breve relato estão embutidas algumas ideias matriciais sobre o sentido do futebol no Brasil, a saber: sua apropriação pelos setores na base ou à margem da sociedade; a transformação de um *handicap* inicial (a falta de instrução formal e de trabalho regular) numa vantagem para a prática do esporte; por fim, a noção de que esses fatores propiciaram o surgimento de um estilo próprio de jogo entre nós (a "técnica sedutora").

---

[38] Anatol Rosenfeld, "O Futebol no Brasil", ensaio publicado em alemão em 1956 no Anuário do Instituto Hans Staden. Traduzido por Modesto Carone, foi publicado em 1974 pela revista *Argumento* nº 4 (São Paulo: Paz e Terra) e incluído posteriormente no livro de Rosenfeld *Negro, Macumba e Futebol* (São Paulo/Campinas: Perspectiva/Edusp/Unicamp, 1993).

FUTEBOL MULATO OU FUTEBOL MALANDRO? – O TERRENO MINADO DAS RAÇAS

O próprio Rosenfeld detalha, no mesmo ensaio, o que seria esse estilo: "uma retórica física do tipo mais brilhante, uma dança ornamental de artimanhas espertas, manobras sabidas e truques manhosos, de capoeira – a louvada 'malícia'".

Como a história da incorporação do futebol pelas massas foi também a saga da conquista de espaço e reconhecimento, no novo esporte, pelos brasileiros negros e mestiços, tornou-se quase automática e inevitável a associação entre o "estilo brasileiro" e supostas características étnicas ou culturais das populações de origem africana. A ideia, em suma, de que o futebol brasileiro é um "futebol mulato".

O mais ilustre formulador dessa interpretação foi, evidentemente, Gilberto Freyre. Já em 1936, em seu clássico *Sobrados e Mucambos*, ele falava do "pé ágil mas delicado do capoeira, do dançarino de samba, do jogador de *foot-ball*, pela técnica brasileira antes dança dionisíaca do que jogo britanicamente apolíneo".[39]

A associação do futebol com o samba (e, em menor medida, com a capoeira), tornada desde então um lugar-comum a referendar a noção de uma cultura física especificamente afro-brasileira, ganhou um alentado reforço factual com uma declaração de Domingos da Guia, um dos maiores craques negros dos anos 30 e 40. Por sua importância documental, e também por seu colorido, vale a pena transcrevê-la na íntegra:

---

[39] Gilberto Freyre, *Sobrados e Mucambos*, 9ª edição (Rio de Janeiro: Record, 1996; p. 598), citado parcialmente em José Miguel Wisnik, op. cit.; p. 195.

Domingos da Guia. [década de 1940?]

"Ainda garoto eu tinha medo de jogar futebol porque vi muitas vezes jogador negro, lá em Bangu, apanhar em campo, só porque fazia uma falta, nem isso às vezes. Meu irmão mais velho me dizia: malandro é o gato, que sempre cai de pé; tu não é bom de baile? Eu era bom de baile mesmo e isso me ajudou em campo. Gingava muito. Sabe que eu me lembrava deles... o tal drible curto eu inventei imitando o miudinho, aquele tipo de samba".[40]

Um depoimento como esse vale por bibliotecas inteiras. Mas o grande *nihil obstat* para as teses de Freyre sobre o valor positivo da mestiçagem na formação – e na afirmação – do futebol brasileiro viria com o livro de Mário Filho, *O Negro no Futebol Brasileiro*, cuja primeira edição, de 1947, contou com um célebre prefácio do próprio sociólogo pernambucano. Referência obrigatória nos estudos sobre o assunto, a obra de Mário Filho, extraordinária sob todos os aspectos, ainda que hoje muito discutida, cimentou a ideia do nosso futebol como fator de integração e emancipação social do negro e do mulato.[41]

É sempre discutível, para não dizer perigoso, atribuir características fixas a uma determinada etnia, particularmente como faz Freyre, no referido prefá-

---

[40] Depoimento de Domingos da Guia a Luiz Henrique de Toledo, incluído no livro de Toledo *No País do Futebol* (Rio de Janeiro: Jorge Zahar, 2000), citado também em Rubim Santos Leão de Aquino, *Futebol, Uma Paixão Nacional* (Rio de Janeiro: Jorge Zahar, 2002).

[41] Mário Filho (1908-66), irmão de Nelson Rodrigues, foi um dos maiores e mais influentes jornalistas esportivos do país. Criou nos anos 30, no Rio de Janeiro, o *Jornal dos Sports* e foi um dos grandes animadores do futebol carioca e brasileiro, inventando mascotes para clubes e apelidos para jogos (como o Fla-Flu). Foi também um militante incansável pela construção do Maracanã, que passou a se chamar estádio Mário Filho depois de sua morte, em 1966. Uma amostra do seu talento excepcional como cronista está no livro *O Sapo de Arubinha – Os Anos de Sonho do Futebol Brasileiro*, com textos selecionados por Ruy Castro (São Paulo: Companhia das Letras, 1994).

cio, ao definir os brasileiros "mestiços ou de cor" como "mais transbordantes de energias animais ou de impulsos irracionais". O futebol, na visão do sociólogo, seria um meio de sublimação dessas energias primitivas, de modo a evitar que elas degenerassem no "cangaceirismo" ou no "gangsterismo urbano".[42]

Hoje parece mais sensato considerar que os traços de maleabilidade, improviso, "malícia" – numa palavra, de malandragem – encontráveis no futebol brasileiro se devem menos a supostos fatores raciais do que às circunstâncias socioculturais em que o jogo se desenvolveu entre nós. Nesse sentido, a fala de Domingos é iluminadora: a ginga aparece ali não como uma *característica inerente* à "raça", mas justamente como forma sutil de reagir à opressão racial num determinado contexto. Um drible contra o preconceito e a discriminação.

De todo modo, é inegável que negros e mestiços desempenharam um papel central na constituição do nosso futebol, tanto na produção inesgotável de craques – numa linhagem que vem de Domingos e Leônidas e passa por Zizinho, Didi e Pelé até chegar a Robinho e outros talentos de hoje – como também na conformação de um estilo de jogo.[43]

---

[42] Ver "Prefácio à 1ª edição", em Mário Filho, *O Negro no Futebol Brasileiro*, 4ª edição (Rio de Janeiro: Mauad, 2003); pp. 24-25.

[43] Também o antropólogo Roberto DaMatta chama a atenção para as distinções entre o futebol brasileiro e o europeu, mais especificamente o inglês, sublinhando a diferença básica de postura dos dois povos: enquanto, para o inglês, o futebol é um *esporte*, com a devida ênfase em seus aspectos de planejamento, disciplina e estratégia, o brasileiro o vê como *jogo*, com uma margem maior para a ação individual e, ao mesmo tempo, para a intervenção das forças do acaso e do *destino*. Ver Roberto DaMatta, "Esporte na Sociedade: Um Ensaio Sobre o Futebol Brasileiro", em Roberto DaMatta (org.), *Universo do Futebol: Esporte e Sociedade Brasileira* (Rio de Janeiro: Pinakotheke, 1982).

É esse estilo que cabe observar mais de perto, pelo que pode ter de revelador da imagem que fazemos do país e de nós mesmos. "Eu vi um Brasil na TV", canta Chico Buarque na letra de "Bye Bye Brasil". Do mesmo modo, é possível ver um Brasil no futebol. Mas, antes, convém atentar para aquilo que distingue o futebol dos outros esportes e que o torna tão apaixonante aos olhos de praticamente todos os povos do planeta.

OS PÉS PELAS MÃOS – O JOGO QUE INVERTE O MUNDO

"Aprender a jogar futebol é aprender a controlar a bola sem o auxílio das mãos, daquilo que, contrapondo o homem às demais espécies animais, constitui a sua força e a sua destreza", resume de modo admirável o ensaísta e crítico teatral Décio de Almeida Prado num ensaio de 1989.[44] Assim, jogar futebol seria, à primeira vista, trafegar na contramão do processo civilizatório.

Acresce a isso o fato de que, tradicionalmente, a parte do corpo abaixo da cintura é vista como "inferior", por estar vinculada às funções excretoras e ao sexo. É a região dos "baixos instintos", em contraposição às funções nobres localizadas na cabeça (o raciocínio), nos membros superiores (as hábeis mãos) e no tórax (o sentimento, associado ao coração).

---

[44] "Tempo (e Espaço) no Futebol", em Décio de Almeida Prado, *Seres, Coisas, Lugares – Do Teatro ao Futebol* (São Paulo: Companhia das Letras, 1997); p. 210.

Mas eis que, no Brasil, inverte-se espetacularmente a equação: o esporte praticado com a parte plebeia, primitiva, do corpo atinge aqui um refinamento jamais visto antes, em que se dá "aos pés astúcias de mão", como diz o poeta João Cabral de Melo Neto.[45] Uma dupla reviravolta, na verdade, já que essa emancipação do hemisfério sul do corpo humano se realiza na metade de baixo do planeta, igualmente vista como subalterna em relação ao hemisfério norte (leia-se Europa e Estados Unidos), onde se situariam o cérebro e o coração do mundo.

Dessa perspectiva, Garrincha seria a síntese perfeita do craque brasileiro. Fruto do entrecruzamento de três "raças" (branco, negro, índio), ele fez de suas deficiências – a baixa estatura, as pernas tortas, a inconsequência – fatores de superação de adversários supostamente mais fortes e preparados. Desconcertou – literalmente – russos, franceses, ingleses e suecos e, ao lado do negro Pelé, foi entronizado como um dos expoentes de um jogo cada vez mais popular em todo o planeta.

Alijados das grandes decisões econômicas que movem o globo, bem como das pesquisas científicas mais avançadas, desenvolvemos em compensação uma "tecnologia de ponta do ócio", para usar a feliz expressão de José Miguel Wisnik.[46]

Nesse processo de canibalização de um esporte criado pelos donos do mundo, nessa inversão carnavalizadora da ordem geopolítica, o futebol brasileiro atua como instrumento de catarse e de iluminação. Reali-

---

[45] "Dando aos pés astúcias de mão" é o verso final do poema "O Futebol Brasileiro Evocado da Europa", que faz parte do livro *Museu de Tudo*, de 1975. Ver João Cabral de Melo Neto, *A Educação Pela Pedra e Depois* (Rio de Janeiro: Nova Fronteira, 1997); pp. 83-84.

[46] Em *Veneno Remédio*, op. cit.

za em ato uma redenção (imaginária, por suposto) de nossas falhas, carências e complexos, ao mesmo tempo em que projeta uma imagem de nossas possibilidades de grandeza e felicidade. É menos um retrato do *Brasil que é* do que o esboço de um *Brasil que poderia ter sido* e que (ainda) não foi.

O antropólogo Roberto DaMatta foi um dos primeiros intelectuais brasileiros a ver sistematicamente o futebol "como um drama da vida social", que "permite expressar uma série de problemas nacionais, alternando percepção e elaboração intelectual com emoções e sentimentos concretamente sentidos e vividos".[47]

Mas convém sempre relativizar e matizar a ideia do futebol como "reflexo" ou "metáfora" da sociedade como um todo. No mais das vezes essas leituras totalizantes servem para referendar construtos ideológicos como a "democracia racial" ou a "identidade nacional". Parece mais sensato – e também mais estimulante – pensá-lo como uma espécie de tela em branco em que cada espectador/torcedor, atiçado pelas emoções do jogo, projeta seus desejos, crenças e temores.

Cada partida de futebol, com seus infinitos detalhes e variáveis, põe em cena uma profusão de narrativas de solidariedade, traição, superação, revanche, glória, humilhação e fracasso, de tal maneira que é impossível atribuir-lhe um significado unívoco.

É evidente que, em casos de competição internacional, a seleção brasileira é um repositório dos ambivalentes sentimentos dos brasileiros com relação a seu próprio país. Na falta de instituições sólidas e confiáveis e de uma tradição arraigada de cidadania, despejamos no escrete a responsabilidade de encarnar a pátria pe-

---

[47] Ver Roberto DaMatta, op. cit; p. 40.

rante o mundo e perante nós mesmos e é por isso que as Copas do Mundo são verdadeiros termômetros da autoestima brasileira.

Muito já se falou sobre a bipolaridade entre euforia e depressão que caracteriza essa relação: da traumática e castradora perda da Copa do Mundo de 1950 para o Uruguai saltamos em 1958 para o orgulho jubiloso da fórmula "com brasileiro não há quem possa",[48] graças à conquista do Mundial da Suécia. No dizer de Nelson Rodrigues, a vitória em 58 fez o brasileiro se curar do "complexo de vira-lata" e descobrir suas inesgotáveis potencialidades.[49]

Mas não se tratou de uma cura definitiva. A cada fracasso posterior, sobretudo nos mais vergonhosos (1966) ou inesperados (1982, 1998), voltava à tona o sentimento de inviabilidade nacional, expresso exemplarmente na canção "Inútil" da banda Ultraje a Rigor, lançada um ano depois da derrota de 82: "A gente joga bola e não consegue ganhar./ Inútil, a gente somos inútil".

A realização, em 2014, de uma nova Copa do Mundo no Brasil, 64 anos depois do desastre de 1950, tem tudo para ser mais um momento crucial das relações entre o país e sua autoimagem mediada pelo

---

[48] A frase é extraída da marchinha "A Taça do Mundo é Nossa", composição de Victor Dagô, Lauro Müller, Wagner Maugeri e Maugeri Sobrinho. Vale a pena transcrever toda a letra, pelo seu colorido ufanismo e pela recorrente vinculação futebol/samba: "A taça do mundo é nossa,/ com brasileiro não há quem possa./ Ê eta esquadrão de ouro,/ é bom no samba, é bom no couro./ O brasileiro lá no estrangeiro/ mostrou o futebol como é que é./ Ganhou a taça do mundo/ sambando com a bola no pé".

[49] A expressão "complexo de vira-lata", ao que tudo indica, apareceu pela primeira vez na crônica de Nelson Rodrigues "Meu Personagem da Semana: o Escrete", publicada na revista *Manchete Esportiva* em 31 de maio de 1958 e reproduzida nas antologias do autor *À Sombra Das Chuteiras Imortais* (São Paulo: Companhia das Letras, 1993) e *O Berro Impresso Das Manchetes* (Rio de Janeiro: Agir, 2007).

futebol. Dessa vez, não só o desempenho da seleção em campo será decisivo para o autorretrato, mas também a nossa capacidade de planejamento, organização e execução de um evento internacional caro e complexo em condições de segurança e civilidade. Sairá do teste um país que se vê como potência emergente ou como republiqueta "cronicamente inviável".

LETRA, MÚSICA E IMAGEM – O FUTEBOL EM TODA PARTE

O futebol impregna de tal maneira o cotidiano e o imaginário dos brasileiros que não é de admirar que ele esteja presente de alguma maneira em todas as nossas formas de expressão cultural, das mais eruditas às mais populares.

Na universidade, onde foi ignorado ou menosprezado durante décadas como assunto menor, o futebol ganha cada vez mais *status* de objeto sério de estudo em suas interfaces com a antropologia, a história, a sociologia, a comunicação, a psicanálise, a filosofia.[50]

Na literatura de ficção, apesar da queixa de Nelson Rodrigues – "Em toda a literatura brasileira não há um único personagem que saiba bater um escanteio" –, o futebol tem aparecido de modo pontual pelo menos

---

[50] Dois exemplos recentes de trabalhos de grande fôlego multidisciplinar são os livros *A Dança Dos Deuses – Futebol, Sociedade, Cultura* (São Paulo: Companhia das Letras, 2007), do historiador Hilário Franco Júnior, e o já citado *Veneno Remédio*, do professor de literatura, ensaísta e músico José Miguel Wisnik. Coincidentemente, ambos professores da Universidade de São Paulo.

desde os contos de *Brás, Bexiga e Barra Funda* (1928), de Antônio de Alcântara Machado.[51]

Ironicamente, o próprio Nelson Rodrigues, que escreveu extraordinárias crônicas de futebol, tampouco tem um grande personagem futebolista em sua obra teatral ou romanesca. O futebol aparece com frequência em sua literatura, mas sempre de forma acessória ou circunstancial.

São de fato raros os romances que têm o futebol como assunto ou ambiente. Os dois mais notáveis são *Água-Mãe* (1941), de José Lins do Rego, e *A Saída do Primeiro Tempo* (1978), de Renato Pompeu, dois escritores profundamente ligados ao futebol: José Lins, flamenguista fanático, chegou a ser dirigente do clube carioca, e Renato Pompeu publicou, entre outros livros, *Memórias de Uma Bola de Futebol* e um perfil do jogador Canhoteiro.

Cabe lembrar, de passagem, que alguns grandes escritores brasileiros lamentaram ou repudiaram a introdução do futebol entre nós. Para Graciliano Ramos, tratava-se de uma moda importada que não tinha a ver com nossas tradições populares e, portanto, "não pegaria". Lima Barreto, que chegou a promover uma Liga Brasileira Contra o Futebol, considerava "o tal jogo de pontapés" um signo de regressão à barbárie.

Os poetas têm sido mais sensíveis que os romancistas aos apelos da bola. De Oswald de Andrade a Haroldo de Campos, passando por Carlos Drummond de Andrade e João Cabral de Melo Neto, foram muitos os

---

[51] Uma boa coletânea de contos relacionados ao futebol é *22 Contistas em Campo*, com seleção e organização de Flávio Moreira da Costa. Entre os autores estão Rubem Fonseca, Plínio Marcos, Sérgio Sant'Anna e as escritoras Hilda Hilst, Edla Van Steen, Rachel de Queiroz e Anna Maria Martins.

autores de primeira linha que cantaram o jogo e suas dimensões de festa, tragédia ou epopeia.

Também nas telas de cinema o futebol tem dado as caras, mas com menos frequência do que se poderia esperar quando se leva em conta a importância do assunto para a maioria dos brasileiros. Com exceção dos documentários, em geral dedicados a craques como Pelé, Garrincha, Tostão, Zico e Ademir da Guia ou a grandes clubes, o cinema brasileiro até agora explorou timidamente esse universo, em comparação, por exemplo, com o que os norte-americanos fizeram com o boxe e o beisebol.[52]

Contam-se nos dedos os filmes de ficção protagonizados por jogadores ou ambientados no mundo futebolístico. Merecem menção, entre eles, *O Corintiano* (Milton Amaral, 1966), protagonizado por Mazzaropi, *Asa Branca, um Sonho Brasileiro* (Djalma Limongi Batista, 1981), *Boleiros 1* e *2* (Ugo Giorgetti, 1998 e 2006), *O Casamento de Romeu e Julieta* (Bruno Barreto, 2004) e *Linha de Passe* (Walter Salles e Daniela Thomas, 2008). Por enquanto são poucos os personagens do cinema brasileiro que sabem bater um escanteio.

Foi, evidentemente, na música popular que o futebol encontrou uma interlocução mais íntima e permanente, quase uma simbiose. Há referências ao esporte em letras de música já nos anos 20, mas é na década seguinte que o futebol começa a aparecer com frequência em canções, sambas e marchinhas de Lamartine Babo, Ary Barroso, Wilson Batista, Noel Rosa e Haroldo Barbosa, entre outros.

---

[52] Dois documentários com abordagens mais abrangentes são dignos de nota: *Futebol* (1998), de Arthur Fontes e João Moreira Salles, e *Ginga – A Alma do Futebol Brasileiro* (2004), de Hank Levine, Tocha Alves e Marcelo Machado.

Lamartine Babo chegou a compor os hinos dos seis clubes mais importantes do Rio de Janeiro em sua época, incluindo o do América, seu time de coração. Diz a lenda que ele teria composto todos os seis hinos numa única noite de 1949.[53]

Outros compositores especialmente ligados ao futebol visitaram o tema várias vezes em suas canções. É o caso de Chico Buarque – que tem um time de "peladas", o Politheama, e costuma jogar regularmente – e, sobretudo, de Jorge Ben Jor, que na juventude sonhou em ser futebolista profissional.

Se no samba "O Futebol" Chico Buarque elevou seu tema à categoria de grande arte que conversa em pé de igualdade com as outras formas de expressão estética (música, poesia, dança, teatro, artes plásticas), Jorge Ben Jor compôs um clássico absoluto do gênero, "Fio Maravilha", em homenagem a um atacante do Flamengo dos anos 70. Com sua melodia sinuosa, seu ritmo gingante, a canção mimetiza em sua própria textura e andamento o lance que sua letra descreve, um "gol de placa" em que o jogador "tabelou, driblou dois zagueiros, deu um toque, driblou o goleiro" e "só não entrou com bola e tudo porque teve humildade em gol". Futebol e samba, uma dobradinha decantada desde os estudos clássicos de Gilberto Freyre, finalmente se fundem, são uma coisa só.

Ao que parece, a marcha "Chiribiri Quaquá", composta por Ary Barroso e Nássara em 1936, foi a

---

[53] A revista *Placar* lançou em 2004 um CD com os hinos de 16 dos maiores clubes de futebol do país, cantados por grandes nomes da MPB. Paulinho da Viola canta o hino do Vasco da Gama, por exemplo, e Caetano Veloso, Gilberto Gil, Gal Costa e Maria Bethânia cantam o do Bahia. A mesma revista lançara, uma década antes, uma primeira edição, com praticamente os mesmos hinos (houve poucas alterações na seleção) executados por outros artistas.

primeira canção a usar o jargão futebolístico para falar de um caso amoroso, inaugurando uma longa tradição que viria até João Bosco e Aldir Blanc ("Gol Anulado") e Djavan, que canta, na romântica "Se": "Insiste em zero a zero e eu quero um a um".

Isso nos leva a um tema que daria pano para muitas mangas: a incorporação, na fala cotidiana, de termos e expressões oriundos do futebol. Trata-se de uma via de mão dupla, pois do mesmo modo que usamos, muitas vezes sem perceber, frases saídas do campo de jogo ("Fulana me botou para escanteio", "o funcionário Beltrano está na marca do pênalti", "agora embolou o meio de campo", "dei uma bola fora"), o próprio futebol absorveu e deu novo sentido a palavras e expressões como "folha seca", "carrinho", "chapéu", "meia-lua", "peixinho", "ponte", "chuveirinho" e incontáveis outras.

Como indica essa incessante troca linguística, o futebol não é algo que se desenvolve à margem da vida social, num compartimento estanque, mas sim uma espécie de magma ou de fluido que a invade por todos os poros. Não estava muito longe da verdade quem disse que, no Brasil, o futebol não é apenas uma das coisas mais importantes da vida – é a própria vida.

CONCLUSÃO

A poucos anos da realização de uma nova Copa do Mundo no país, o futebol brasileiro se encontra diante de vários desafios, a saber: como se modernizar e ganhar competitividade no mercado global sem perder sua identidade cultural, seu "estilo de jogo"? Como coibir a violência sem inibir a vibração das torcidas, seiva sem a qual esse espetáculo de massas definha? Como se relacionar de modo soberano com os meios de comunicação e o mundo do *marketing* e da propaganda? Como conciliar a modernidade e a tradição, o planejamento e a espontaneidade, a racionalidade e a paixão?

No fundo, são perguntas que valem para a nação como um todo e que dizem respeito ao seu modo de inserção no mundo globalizado. Pelo que se expôs nas páginas anteriores, parece evidente que o futebol está de tal modo entranhado na vida do país que seus problemas não serão resolvidos sem que se enfrentem os impasses e entraves mais profundos da nossa sociedade.

O que se buscou aqui não foi traçar um diagnóstico completo, muito menos apontar caminhos e soluções, mas apenas esboçar um retrato provisório de alguns aspectos cruciais do futebol brasileiro em seu estágio atual e em sua relação com a história. Cada capítulo deste trabalho renderia um ou vários livros. Muitos assuntos importantes, como as transformações recentes na religiosidade dos jogadores, foram apenas aflorados. Outros, como a violência das torcidas e as relações do mundo do futebol com a mídia, foram praticamente deixados de lado, por razões de espaço, e mereceriam uma análise mais detida.[54]

Essas carências podem ser de alguma forma supridas, ainda que parcialmente, pelas indicações bibliográficas que o leitor encontrará nas páginas seguintes. O futebol, não custa repetir, é um tema inesgotável, e o qualificativo "brasileiro", ao mesmo tempo em que o circunscreve geograficamente, aumenta sua complexidade ao suscitar incontáveis interações com outros problemas de um país que, como dizia Tom Jobim, "não é para principiantes". Se este livro despertar no leitor o interesse de procurar outras fontes de conhecimento e se aprofundar nesse universo, terá cumprido o seu papel.

---

[54] Sobre a evolução da imprensa esportiva e sua relação com o processo de modernização do futebol no Brasil há um excelente panorama na primeira parte de Mauricio Stycer, *História do* Lance! – *Projeto e Prática do Jornalismo Esportivo* (São Paulo: Alameda, 2009).

CRONOLOGIA

1894 – Fundação "oficial" do futebol brasileiro: o paulistano Charles Miller, filho de escocês com brasileira, volta ao Brasil depois de estudar na Inglaterra, trazendo na bagagem duas bolas, uma bomba de encher e um livro de regras.

1900 – Fundação do Sport Clube Rio Grande (RS), considerado o clube de futebol mais antigo do país. Na verdade já existiam clubes voltados para outros esportes que passaram a se dedicar também ao futebol, como o São Paulo Athletic Club, fundado em 1888, e o Clube de Regatas Flamengo, fundado em 1895.

1919 – Fundada a Confederação Brasileira de Desportos (CBD), antecessora da atual Confederação Brasileira de Futebol (CBF) e das confederações de outros esportes.

1933 – Adoção do profissionalismo pelas ligas de futebol de São Paulo e do Rio de Janeiro. A Confederação Brasileira de Desportos só reconheceria oficialmente o profissionalismo em 1937. Até então vigorava o chamado "amadorismo marrom", em que os jogadores dos principais clubes recebiam pagamentos "por fora" ou eram contratados ficticiamente para exercer outras funções.

1938 – Na primeira Copa do Mundo transmitida para o país pelo rádio, o Brasil conquista o terceiro lugar. Projetam-se mundialmente dois craques negros brasileiros, Leônidas da Silva e Domingos da Guia.

1941 – Criado pelo Estado Novo de Getúlio Vargas o Conselho Nacional de Desportos (CND), com o encargo de normatizar e fiscalizar as práticas esportivas no país.

1950 – O Brasil perde inesperadamente para o Uruguai, por 2 a 1, a final da Copa do Mundo, no recém-construído Maracanã, diante do público recorde de 200 mil torcedores. Os brasileiros, amplamente favoritos, precisavam apenas de um empate. A derrota ficou conhecida como "a tragédia de 50" ou "maracanazo".

1958 – A seleção brasileira conquista na Suécia sua primeira Copa do Mundo e revela ao planeta o novo "rei" do futebol, Edson Arantes do Nascimento, Pelé, que tinha então 17 anos. Em 1999, Pelé seria escolhido como "atleta do século" pelo Comitê Olímpico Internacional.

1962 – O Brasil sagra-se bicampeão mundial no Chile, numa Copa do Mundo em que, desfalcada de Pelé, a seleção teve Garrincha como principal destaque.

1970 – O Brasil conquista no México o tricampeonato mundial, ficando em definitivo com a taça Jules Rimet, na primeira Copa do Mundo transmitida ao vivo para todos os continentes. Desde então a supremacia futebolística brasileira nunca foi seriamente contestada ou ameaçada.

1971 – É realizada a primeira edição do Campeonato Brasileiro. Antes dele existira, entre 1959 e 1968, a Taça Brasil, que reunia os campeões estaduais, e, entre 1967 e 1970, o Torneio Roberto Gomes Pedrosa, que era uma espécie de ampliação do Torneio Rio-São Paulo com a incorporação de alguns clubes de Minas Gerais, Rio Grande do Sul e Paraná.

1979 – Criação da CBF, como resultado do desmembramento da antiga CBD.

1994 – Depois de quase um quarto de século de "jejum", o Brasil conquista mais uma Copa do Mundo, a dos Estados Unidos, tornando-se tetracampeão.

É realizado o primeiro campeonato brasileiro de futebol feminino, que duraria apenas até 2001.

1998 – Com a entrada em vigor da chamada Lei Pelé, é extinta a "Lei do Passe", cuja última versão datava de 1976, e que mantinha o atleta profissional vinculado a seu clube mesmo depois de terminado seu contrato de trabalho.

2000/2001 – Duas CPIs simultâneas no Congresso Nacional (uma na Câmara e a outra no Senado) investigam os clubes e federações do futebol brasileiro, apontando o envolvimento de diversos dirigentes em crimes de corrupção. Ninguém foi punido diretamente, mas o desgaste da velha "cartolagem" ficou evidente.

2002 – O Brasil conquista sua quinta Copa do Mundo, no primeiro mundial disputado em dois países, o Japão e a Coreia do Sul.

2007 – A Fifa ratifica a escolha do Brasil como sede da Copa do Mundo de 2014. Tratou-se, na verdade, de uma candidatura única, depois que a Argentina e a Colômbia, que também eram postulantes, retiraram-se da disputa.

2009 – Realizada a primeira Copa Libertadores da América de futebol feminino. Reunindo equipes da América Latina, o torneio foi vencido pelo Santos Futebol Clube.

BIBLIOGRAFIA / FILMOGRAFIA

OBRAS DE HISTÓRIA E INTERPRETAÇÃO

Fatima Martin Rodrigues Ferreira Antunes, *"Com Brasileiro, Não Há Quem Possa" – Futebol e Identidade Nacional em José Lins do Rego, Mário Filho e Nelson Rodrigues*. São Paulo: Editora Unesp, 2004.

Rubim Santos Leão de Aquino, *Futebol, Uma Paixão Nacional*. Rio de Janeiro: Jorge Zahar, 2002.

Waldenyr Caldas, *Pontapé Inicial – Memória do Futebol Brasileiro*. São Paulo: Ibrasa, 1990.

Paulo Vinicius Coelho, *Bola Fora – A História do Êxodo do Futebol Brasileiro*. São Paulo: Panda Books, 2009.

Roberto DaMatta (org.), *Universo do Futebol: Esporte e Sociedade Brasileira*. Rio de Janeiro: Pinakotheke, 1982.

Maria do Carmo L. de Oliveira Fernández, *Futebol – Fenômeno Linguístico*. Rio de Janeiro: Editora Documentário, 1974.

Mário Filho, *O Negro no Futebol Brasileiro*. 4ª edição. Rio de Janeiro: Mauad, 2003.

Fábio Franzini, *Corações na Ponta da Chuteira – Capítulos Iniciais da História do Futebol Brasileiro (1919-1938)*. Rio de Janeiro: DP&A, 2003.

Richard Giulianotti, *Sociologia do Futebol – Dimensões Históricas e Socioculturais do Esporte Das Multidões*. Tradução de Wanda Nogueira Caldeira Brant e Marcelo de Oliveira Nunes. São Paulo: Nova Alexandria, 2002.

Eugênio Goussinsky e João Carlos Assumpção, *Deuses da Bola – Histórias da Seleção Brasileira de Futebol*. São Paulo: DBA, 1998.

Teixeira Heizer, *O Jogo Bruto Das Copas do Mundo*. Rio de Janeiro: Mauad, 1997.

Hilário Franco Júnior, *A Dança Dos Deuses – Futebol, Sociedade, Cultura*. São Paulo: Companhia das Letras, 2007.

Cláudia Mattos, *Cem Anos de Paixão – Uma Mitologia Carioca no Futebol*. Rio de Janeiro: Rocco, 1997.

Tomás Mazzoni, *História do Futebol no Brasil*. São Paulo: Edições Leia, 1950.

Bill Murray, *Uma História do Futebol*. Tradução de Carlos Szlak. São Paulo: Hedra, 2000.

Leonardo Affonso de Miranda Pereira, *Footballmania – Uma História Social do Futebol no Rio de Janeiro, 1902-1938*. Rio de Janeiro: Nova Fronteira, 2000.

Marcelo Weishaupt Proni, *A Metamorfose do Futebol*. Campinas: Unicamp, 2000.

Anatol Rosenfeld, *Negro, Macumba e Futebol*. São Paulo/ Campinas: Perspectiva/Edusp/Unicamp, 1993.

Joel Rufino dos Santos, *História Política do Futebol Brasileiro*. São Paulo: Brasiliense, 1981.

José Moraes dos Santos Neto, *Visão do Jogo – Primórdios do Futebol no Brasil*. São Paulo: Cosac Naify, 2002.

Luiz Henrique de Toledo, *No País do Futebol*. Rio de Janeiro: Jorge Zahar, 2000.

José Miguel Wisnik, *Veneno Remédio – O Futebol e o Brasil*. São Paulo: Companhia das Letras, 2008.

GRANDES REPORTAGENS

Alex Bellos, *Futebol – O Brasil em Campo*. Tradução de Jorge Viveiros de Castro. Rio de Janeiro: Jorge Zahar, 2003.

Franklin Foer, *Como o Futebol Explica o Mundo – Um Olhar Inesperado Sobre a Globalização.* Tradução de Carlos Alberto Medeiros. Rio de Janeiro: Jorge Zahar, 2005.

Mário Magalhães, *Viagem ao País do Futebol.* São Paulo: DBA, 1998.

BIOGRAFIAS E MEMÓRIAS

Jorge Caldeira, *Ronaldo: Glória e Drama no Futebol Globalizado.* Rio de Janeiro/São Paulo: Lance!/ Editora 34, 2002.

José Castello, *Pelé: Os Dez Corações do Rei.* Rio de Janeiro: Ediouro, 2004.

Paulo Cézar Lima (Caju), *Dei a Volta na Vida.* São Paulo: A Girafa, 2006.

José Macia (Pepe), *Bombas de Alegria: Meio Século de História do Canhão da Vila.* Santos: Realejo, 2006.

Marcos Eduardo Naves, *Nunca Houve um Homem Como Heleno.* Rio de Janeiro: Ediouro, 2006.

Roberto Porto, *Didi.* Rio de Janeiro: Relume Dumará, 2001.

Nilton Santos, *Minha Bola, Minha Vida.* Rio de Janeiro: Gryphus, 1998.

André Iki Siqueira, *João Saldanha, Uma Vida em Jogo.* São Paulo: Companhia Editora Nacional, 2007.

Tostão (Eduardo Gonçalves de Andrade), *Lembranças, Opiniões, Reflexões Sobre o Futebol*. São Paulo: DBA, 1997.

Zico (Arthur Antunes Coimbra), *Zico Conta Sua História*. São Paulo: FTD, 1996.

CRÔNICAS E ARTIGOS

Mário Filho, *O Sapo de Arubinha – Os Anos de Sonho do Futebol Brasileiro*. São Paulo: Companhia das Letras, 1994.

Juca Kfouri, *Meninos Eu Vi*. São Paulo: DBA, 2003.

Armando Nogueira, *A Ginga e o Jogo*. Rio de Janeiro: Objetiva, 2003.

Décio de Almeida Prado, *Seres, Coisas, Lugares – Do Teatro ao Futebol*. São Paulo: Companhia das Letras, 1997.

Nelson Rodrigues, *À Sombra Das Chuteiras Imortais – Crônicas de Futebol*. São Paulo: Companhia das Letras, 1992.

_______, *A Pátria em Chuteiras – Novas Crônicas de Futebol*. São Paulo: Companhia das Letras, 1992.

_______, *O Berro Impresso Das Manchetes – Crônicas Completas da Manchete Esportiva 1955-59*. Rio de Janeiro: Agir, 2007.

João Saldanha, *Histórias do Futebol*. 4ª edição (chamado anteriormente *Subterrâneos do Futebol*). Rio de Janeiro: Revan, 1996.

______, *O Trauma da Bola: A Copa de 82 Por João Saldanha*. São Paulo: Cosac Naify, 2002.

Luis Fernando Verissimo, *A Eterna Privação do Zagueiro Absoluto*. Rio de Janeiro: Objetiva, 1999.

SITES E BLOGS

Fifa: www.fifa.com
CBF: www.cbf.com.br
Paulo Vinicius Coelho: espnbrasil.terra.com.br/pvc
Juca Kfouri: blogdojuca.blog.uol.com.br
Milton Neves: blog.miltonneves.ig.com.br
Cosme Rímoli: blogdocosmerimoli.blog.uol.com.br
Luiz Zanin Orichio: blog.estadao.com.br/blog/zanin
Futebol & Negócio: futebolnegocio.wordpress.com
Futebol: uma história para contar: futebolhistoria.blogspot.com
Mulher e Futebol: www.mulherefutebol.com
Torcida Feminina: www.torcidafeminina.com.br
Eduardo Vieira da Costa: www.folha.com.br/colunas/regra10
Humberto Luiz Peron: www.folha.com.br/colunas/futebolnarede

FILMOGRAFIA BÁSICA

Asa Branca, um Sonho Brasileiro (1981), longa-metragem de ficção de Djalma Limongi Batista.

Boleiros – Era Uma Vez o Futebol (1998), longa-metragem de ficção de Ugo Giorgetti.

Boleiros 2 – Vencedores e Vencidos (2006), longa-metragem de ficção de Ugo Giorgetti.

Futebol (1998), documentário de Arthur Fontes e João Moreira Salles.

Garrincha, Alegria do Povo (1963), documentário de Joaquim Pedro de Andrade.

Ginga, a Alma do Futebol Brasileiro (2004), documentário de Hank Levine, Marcelo Machado e Tocha Alves.

Linha de Passe (2008), longa-metragem de ficção de Walter Salles e Daniela Thomas.

Pelé Eterno (2004), documentário de Roberto Massaini.

Nos últimos anos proliferaram os documentários oficiais ou semioficiais sobre grandes clubes brasileiros. Citar alguns aqui e omitir outros seria correr o risco de atiçar paixões e rivalidades clubísticas.

Torcedores no estádio do Morumbi, em São Paulo (SP).
[28/05/2008]

AGRADECIMENTOS

Inúmeras pessoas colaboraram, de uma ou outra maneira, para a realização deste livro. Nenhuma delas, obviamente, é responsável pelas suas lacunas e deficiências. Quatro merecem um reconhecimento especial.

Claudio André Couto, irmão do autor e médico ortopedista com larga experiência profissional no futebol brasileiro e internacional, forneceu informações preciosas e foi um interlocutor constante, antes e durante a escrita do livro.

Mauricio Stycer, jornalista de longa e reconhecida militância na imprensa nacional, membro da equipe que implantou o diário esportivo *Lance!*, contribuiu com informações, livros e ideias.

Milu Leite, jornalista e escritora, leu pacientemente os originais e apresentou críticas e sugestões pertinentes.

Por fim, o editor, músico e professor de literatura Arthur Nestrovski, parceiro de tabelas dentro e fora do campo de futebol, teve a generosidade (e talvez temeridade) de propor ao autor a realização do livro, como quem dá um passe açucarado para um companheiro de time marcar o gol.

A todos eles o autor é profunda e perenemente grato.

SOBRE O AUTOR

José Geraldo Couto, nascido em Jaú (SP) em 1957, é jornalista, tradutor e crítico de cinema. Publica semanalmente uma coluna de futebol na *Folha de S.Paulo*. Escreveu, entre outros livros, *André Breton – A Transparência do Sonho* (Brasiliense, 1984), *Brasil: Anos 60* (Ática, 1988) e *Florianópolis* (Coleção "Cidades do Brasil", Publifolha, 2006). Organizou *Quatro Autores em Busca do Brasil* (Rocco, 2000) e participou com artigos e ensaios dos livros *O Cinema Dos Anos 80* (Brasiliense, 1991), *Folha Conta Cem Anos de Cinema* (Imago, 1995) e *Música Popular Brasileira Hoje* (série "Folha Explica", Publifolha, 2002).

FOLHA
EXPLICA

Folha Explica é uma série de livros breves, abrangendo todas as áreas do conhecimento e cada um resumindo, em linguagem acessível, o que de mais importante se sabe hoje sobre determinado assunto.

Como o nome indica, a série ambiciona *explicar* os assuntos tratados. E fazê-lo num contexto brasileiro: cada livro oferece ao leitor condições não só para que fique bem informado, mas para que possa refletir sobre o tema, de uma perspectiva atual e consciente das circunstâncias do país.

Voltada para o leitor geral, a série serve também a quem domina os assuntos, mas tem aqui uma chance de se atualizar. Cada volume é escrito por um autor reconhecido na área, que fala com seu próprio estilo. Essa enciclopédia de temas é, assim, uma enciclopédia de vozes também: as vozes que pensam, hoje, temas de todo o mundo e de todos os tempos, neste momento do Brasil.

1 MACACOS — Drauzio Varella
2 OS ALIMENTOS TRANSGÊNICOS — Marcelo Leite
3 CARLOS DRUMMOND DE ANDRADE — Francisco Achcar
4 A ADOLESCÊNCIA — Contardo Calligaris
5 NIETZSCHE — Oswaldo Giacoia Junior
6 O NARCOTRÁFICO — Mário Magalhães
7 O MALUFISMO — Mauricio Puls
8 A DOR — João Augusto Figueiró
9 CASA-GRANDE & SENZALA — Roberto Ventura
10 GUIMARÃES ROSA — Walnice Nogueira Galvão
11 AS PROFISSÕES DO FUTURO — Gilson Schwartz
12 A MACONHA — Fernando Gabeira

13 O PROJETO GENOMA HUMANO Mônica Teixeira
14 A INTERNET Maria Ercilia e Antonio Graeff
15 2001: UMA ODISSEIA NO ESPAÇO Amir Labaki
16 A CERVEJA Josimar Melo
17 SÃO PAULO Raquel Rolnik
18 A AIDS Marcelo Soares
19 O DÓLAR João Sayad
20 A FLORESTA AMAZÔNICA Marcelo Leite
21 O TRABALHO INFANTIL Ari Cipola
22 O PT André Singer
23 O PFL Eliane Cantanhêde
24 A ESPECULAÇÃO FINANCEIRA Gustavo Patú
25 JOÃO CABRAL DE MELO NETO João Alexandre Barbosa
26 JOÃO GILBERTO Zuza Homem de Mello
27 A MAGIA Antônio Flávio Pierucci
28 O CÂNCER Riad Naim Younes
29 A DEMOCRACIA Renato Janine Ribeiro
30 A REPÚBLICA Renato Janine Ribeiro
31 RACISMO NO BRASIL Lilia Moritz Schwarcz
32 MONTAIGNE Marcelo Coelho
33 CARLOS GOMES Lorenzo Mammì
34 FREUD Luiz Tenório Oliveira Lima
35 MANUEL BANDEIRA Murilo Marcondes de Moura

36 MACUNAÍMA — Noemi Jaffe
37 O CIGARRO — Mario Cesar Carvalho
38 O ISLÃ — Paulo Daniel Farah
39 A MODA — Erika Palomino
40 ARTE BRASILEIRA HOJE — Agnaldo Farias
41 A LINGUAGEM MÉDICA — Moacyr Scliar
42 A PRISÃO — Luís Francisco Carvalho Filho
43 A HISTÓRIA DO BRASIL NO SÉCULO 20 (1900-1920) — Oscar Pilagallo
44 O MARKETING ELEITORAL — Carlos Eduardo Lins da Silva
45 O EURO — Silvia Bittencourt
46 A CULTURA DIGITAL — Rogério da Costa
47 CLARICE LISPECTOR — Yudith Rosenbaum
48 A MENOPAUSA — Silvia Campolim
49 A HISTÓRIA DO BRASIL NO SÉCULO 20 (1920-1940) — Oscar Pilagallo
50 MÚSICA POPULAR BRASILEIRA HOJE — Arthur Nestrovski (org.)
51 OS SERTÕES — Roberto Ventura
52 JOSÉ CELSO MARTINEZ CORRÊA — Aimar Labaki
53 MACHADO DE ASSIS — Alfredo Bosi
54 O DNA — Marcelo Leite
55 A HISTÓRIA DO BRASIL NO SÉCULO 20 (1940-1960) — Oscar Pilagallo

74 JUNG — Tito R. de A. Cavalcanti

75 O AQUECIMENTO GLOBAL — Claudio Angelo

76 MELANIE KLEIN — Luís Claudio Figueiredo e Elisa Maria de Ulhôa Cintra

77 TOM JOBIM — Cacá Machado

78 MARX — Jorge Grespan

79 ROBERTO CARLOS — Oscar Pilagallo

80 DARWIN — Marcelo Leite

81 PAULO FREIRE — Fernando José de Almeida

82 VILLA-LOBOS — Fábio Zanon

83 FUTEBOL BRASILEIRO HOJE — José Geraldo Couto